한눈에 읽는 외식창업 성공 이야기[시리즈16]

시장 파이가 큰 국민간식 떡볶이 전문점

김병욱 지음

 킴스정보전략연구소

김 병 욱 소장

킴스정보전략연구소 소장인 김병욱 박사는 소상공인 창업 지원 연구, 개발, 평가, 심사, 위원으로 활동하고 있으며, 삼성그룹사가 작사와 1등을 뛰어넘는 2등 전략과 창업 틈새 전략 외 150여 권의 저서를 발표한 바 있다.

그 밖에 방송·산업체 강의, 평가 등의 활동과 동시 월스트리트저널에 의해 21세기 아시아 차세대 리더에 선임된 바 있는 정보전략가임과 동시 경영컨설턴트이다.

Contents

Contents

Contents

I

분식 전문점

1. 분식 전문점의 역사와 변천

1) 분식점의 역사와 정의

분식(粉食)은 '밀가루로 만든 음식'이란 뜻으로 라면, 빵 등을 말한다. 그러나 오늘날 분식은 떡볶이, 라볶이, 라면, 순대, 어묵, 튀김 등의 음식을 싼값으로 많이 주는 음식들을 지칭한다. 쌀이 부족하던 1960년대에는 정부가 분식을 장려하기도 했다. 분식은 메뉴에 따라 다섯 가지로 나눌 수 있다. 떡볶이, 김밥, 우동, 라면, 만두로 구분하였지만 어느 순간부터 튀김과 어묵, 순대 등은 분식점에서 빼놓을 수 없는 단골 메뉴가 되었다.

역사적으로 보면 국수를 삶아 판매하던 국수집이 오늘날 분식점의 근거가 된다. 냉면 및 칼국수 등은 각각 전문점으로도 입지가 확고해지고 분식점에서도 빼놓을 수 없는 메뉴로 자리매김 하였다.

서울 사람들이 유두면을 비롯한 밀가루로 만든 음식을 먹을 수 있었던 시기는 조선 후기로 전해진다. 그 당시 조선시대에 국수를 제조하는 기계가 만들어지면서 국수를 파는 집이 생기고, 국수가 상품화되었지만 우리나라 풍토상 밀농사가 소규모에 그쳐 메밀은 한랭한 일부 고장에서만 재배되었다. 1930년대에 우리나라에서 재배하기 좋은 개량종 밀을 농촌에 보급하기 시작하였고, 해방 후 무상 원료로 밀가루를 받기 시작하여 1945년 최초로 한국인이 주인인 '상미당' 이라는 빵집이 등장하였다. 그리고 국수요리는 특별한 날에만 먹는 별미음식이었으나, 1950년대 밀의 수입량이 증대하면서 국수는 일반화되기 시작하였다. 1960년대에 미국으로부터 대규모의 밀가루가 도입되고, 쌀 소비를 줄이기 위하여 혼·분식 장려운동과 수요일과 토요일은 쌀을 먹지 않고 분식을 먹는 '분식의 날'을 정하여 분식 소비를 장려하기도 했다.

주영하(2013)는 1972년부터 칼국수집이 문전성시를 이루며, 일반 가정집에서도 빵과 국수로 식사를 하고 만두, 쫄면, 냄비우동, 떡볶이 등을 파는 분식점이 본격적으로 증가하기 시작했다고 하였다. 이후 특히 학교나 학원가에서 떡볶이 등의 간식을 파는 형태로 분식점은 확장되어 갔고, 이때에 분식은 식사의 개념이 아닌, 학생들이 주소비층이 되는 길거리 음식 중 한 형태로 인식이 되었다.

사전적 정의에 따르면 분식은 밀가루의 유형으로 만든 음식이라는 뜻이며, 가루로 만든 음식을 먹는다는 뜻을 내포하고 있다. 한문의 뜻을 그대로 풀이하면 '가루음식'이라고 정의 할 수 있는데, 분식집은 국수나, 만두, 튀김, 우동, 빵과 같이 비교적 간단하고 빠르게 먹을 수 있는 음식을 파는 식당을 일컫는다.

한국표준산업 분류에 따른 분식 및 김밥전문점은 음식점업 아래 세분류인 기타음식점업 안에 위치한다(한국외식연감, 2013). 최근 소상공인 진흥원에서 발간한 『분식점 창업가이드』에 따르면 분식 전문점의 일반적 정의는 '생계형 및 소자본'이라는 특성을 가진 스낵, 라면집, 김밥집, 만두집, 기타 소규모의 간이 음식점이라고 하며, 현대 분식업은 독립점포 또는 프랜차이즈 점포로 구분되어진다.

1994년부터 주방을 홀로 끌어들이며 매장전면에서 김밥을 말아 판매하는 '김家네'의 등장으로 분식 프랜차이즈가 본격적으로 시작하게 되었다. 곧 '종로김밥', '충무김밥' '압구정김밥' 등 다양한 김밥브랜드가 경쟁을 벌이며 '김밥 전문점'이 성장했다. 소비자의 요구에 의해 계속 발전해가며, 지금까지도 분식업계의 큰 카테고리로 계속 성장하고 있고, 김밥과 동시에 떡볶이 전문점, 일본식 우동 전문점과 '장우동', '용우동', '한우동' 같은 한국형 우동 전문점도 분식시장에서 증가하고 있는 추세이다. 분식점의 프랜차이즈화가 이루어지면서 가장 눈에 띄게 된 것 중 하나는 메뉴의 다양성과 변화이다. 떡볶이, 라볶이, 라면, 순대, 어묵, 튀김 등을 판매하던 분식점이 김밥류, 찌개류, 볶음밥류, 비빔밥류, 일품요리(돈가스, 오므라이스)등 다양한 메뉴를 저렴한 가격에 제공하여 군것질보다는 식사를 할 수 있는 장소로 변화하게 되었다.

2) 분식점의 현황

인간의 기본적인 생활양식인 의식주 중에서 식생활 행동은 가장 큰 비중을 차지하며 개개인의 사회, 경제, 문화적 조건 등의 생활형태에 의해서 밀접하게 연관되어 변화해 왔다. 바쁜 일상과 다변화된 사회적 변화는 식사의 형태를 외식으로 변화하게 하여 대학가에서는 도시락 문화가 사라지고 분식점이나 패스트푸드점들의 점포수가 늘어나게 되었다. 통계청(2015)의 자료에 의하면 2007년부터 2009년까지 분식점 사업체 수는 약간의 하락세를 보였으나, 2011년부터 2013년까지 다시 사업체수가 증가하여 현재 외식시장에서 큰 비중을 차지하고 있음을 알 수 있다. 2015년 말 기준 분식점은 40,719개의 점포가 운영중이며 매출은 2015년 말 기준 평균 연간 패출이 8,000만원인 것으로 나타났다.

〈표1〉 최근 분식점 사업체수 분석

시도별	산업별	2017	2016	2015	2014	2013	2012	2011
전국	분식 및 김밥 전문점 사업체수	43,719	45,928	45,070	44,912	45,454	45,701	52,063

자료 : 통계청(2017)

패스트푸드 레스토랑의 시작은 1979년 국내 롯데리아의 등장을 시작으로 패스트푸드의 용어가 사용되기 시작하였다.

여기서 패스트푸드는 '반 조리된 식품을 주문과 동시에 간단하게 가게에서 조리를 하여 손님께 바로 곧 먹을 수 있도록 제공되는 음식'을 말하며 최근에는 분식점들이 프랜차이즈화 되면서 패스트푸드 시스템 구조로 전환된 곳이 많아졌다.

통계청 조사에 따르면 2008년 이전까지는 전국의 분식점이 감소세를 보였으나, 2008년부터 프랜차이즈 분식점이 꾸준히 매장수가 증가하고 이 같은 프랜차이즈 분식점의 증가는 전체 분식점 시장의 성장을 키우는 원동력이 되었다(아시아투데이, 2013).

아침을 먹는 응답자는 '편의점'이나 '분식전문점'에서 대체로 '김밥/주먹밥' 등을 사먹는 경우가 많았으며, 집 밖에서 아침을 먹는 응답자 10명 중 7명가량은 약 '2천원~5천원'을 아침 식사용 음식 구매에 비용을 지출하는 것으로 나타냈다.

젊은이들이 점심 때 잘 가는 음식점은 분식점이 59.3%로 가장 많았고, 다음 한식집, 중국집, 햄버거집 순으로 이들이 패스트푸드를 좋아하는 이유는 가격이 싸고 서구적이고 세련된 장소가 제공되기 때문이다.

⟨표2⟩ 김밥 / 떡볶이 / 만두 전문점 프랜차이즈 현황

브랜드명	회사명	가맹점수	매출액 (천원)
김家네	㈜김家네	409	28,090,594
김밥천국	㈜정다믄	266	590,824
종로김밥	㈜제이알	92	3,663,910
아딸	㈜오투스페이스	642	25,678,736
죠스떡볶이	㈜죠스푸드	388	56,029,269
국대떡볶이	㈜국대F&B	126	9,886,480
명인만두	㈜명인F&B	121	10,457,683

자료 : 공정거래위원회, 가맹사업거래 정보공개서(2015)

⟨표2⟩의 김밥과 떡볶이, 만두 전문점의 가맹점 수와 매출액 현황
은 전체 외식시장에서 큰 비중을 차지하고 있음을 알 수 있다. 김밥
전문점에서는 주 요리인 김밥을 비롯한 라면, 떡볶이, 어묵국 등 다

양한 분식을 판매하며, 영업형태는 개인의 독립적인 가게와 가맹점 또는 직영점으로 운영하는 프랜차이즈 체인점이 있다.

대표적인 김밥 프랜차이즈에는 김가네, 김밥천국, 종로김밥, 김밥나라, 고봉민김밥 등이 있다.

3) 현대 분식점의 특성

현대사회에서는 다양한 소비문화가 증가하면서 일반적인 문화 중에서 소비문화가 차지하고 있는 비중이 매년 커지고 있는 추세이며, 음식 문화 자체에도 큰 영향을 끼쳐서 기존 음식의 평가기준이 바뀌고 다양해지게 되었다.

과거에는 영양과 맛이 음식 선택의 기준이었다면, 현대는 음식점의 분위기와 서비스가 점차 중요시 되고 있는 실정이다. 김지원(2014)은 소상공인을 위한 디자인 가이드 매뉴얼 연구에서 이용 고객이 어떻게 점포를 선택하며 점포 내에서 어떠한 의사결정을 하는지를 아는 것은 소매 마케팅 전략의 기본이요, 출발점으로서 이용고객을 이해하는데 필수적인 과정이라고 하였다.

〈표3〉에서 로고와 간판 같은 디자인적 요소가 분식점 선택의 중요 요소로 작용하는 가에 대한 질문에는 절반이 넘는 82명(73%)의

소비자가 영향을 준다고 답했고, 분식점 선택에 영향을 미치는 구체적 디자인 요소(로고와 간판은 제외)로 인테리어, 포장 및 용기를 뽑은 소비자는 각각 44명(31%)였으며 그 밖의 답변은 시각광고물 40명(28%), 유니폼 8명(6%), 기타 6명(4%)의 순으로 나타났다.

동일 가격을 전제로 했을 때 친근하고 좋은 디자인의 구매행동 연결에 영향을 끼치는가에 대한 질문에는 매우 도움이 된다는 의견이 51%(57명)로, 분식점 선택 시 디자인의 역할이 구매행동에 직접적인 영향을 미치는 것으로 조사되었다.

김미정(2008)은 분식점을 찾는 고객들의 선택기준에 대하여 학생은 양과 가격, 일반인은 맛과 분위기, 여성은 분위기와 이미지를 중시하고 있는 반면 장년층은 이용의 편의성을 중시한다고 하였고, 이정아(2008)는 음식의 맛이 소비자의 선택에 미치는 영향도 크지만 이제는 어디에서 식사하는가에 따라 심리적인 것과 물리적인 면에 많은 영향을 끼치게 되었다고 하였다.

다른 외식업체보다 패스트푸드점을 이용하는 고객들이 재방문 의도에 가장 크게 영향을 끼치는 것은 서비스를 이용했을 때 고객들이 느낀 '만족도' 인 것으로 드러났다(김석준·정광현·조용범, 2008).

<표3> 분식점 선택시 디자인의 중요도

분식점 선택 시 로고나 간판 등이 중요한 영향을 준다고 생각하십니까?		
그렇다	아니다	계(명)
82(73)	30(27)	112(100)
로고나 간판 외에 분식점 선택시 영향을 주는 요소는 무엇입니까? 예) 시각 광고물, 포장 및 용기, 인테리어, 유니폼, 기타 (복수응답가능)				
시각 광고물 (전단, 메뉴판 등)	포장 및 용기	인테리어	유니폼	기타
40(28)	44(31)	44(31)	8(6)	6(4)
동일한 가격이라면 친근감 있고 좋은 디자인이 분식점 선택에 영향을 준다고 생각하십니까?				
매우 도움이 된다	도움이 된다	보통이다	도움이 되지 않는다	매우 도움이 되지 않는다
57(51)	36(32)	9(8)	6(5)	4(4)

자료 : 김지원, 소상공인을 위한 디자인 가이드 매뉴얼 개발 연구(2014)

2. 분식 전문점의 프랜차이즈 동향

오늘날 분식 프랜차이즈는 주메뉴에 따라 전문점을 표방하면서도 서브 메뉴가 많다는 것이 공통된 특징으로 그 대표적인 것이 김밥전문점이다. 현재 분식점에서 취급하고 있는 메뉴는 라면과 떡볶이, 우동, 돈가스, 덮밥 등 웬만한 분식은 물론 한식, 양식 메뉴까지 취급하기도 한다.

1) 분식프랜차이즈의 개척

분식 프랜차이즈의 본격적인 물꼬를 튼 것은 1994년이다. 주방을 홀로 끌어내며 매장 전면에서 김밥을 말아 판매하는 〈김家네김밥〉이 그때 등장했다. 〈김家네김밥〉은 1994년 대학로에서 즉석김밥이라는 블루오션을 개척했다. 대학로라는 이점을 이용해 대학생을 주요 고객으로 설정했다.

당시 대부분의 김밥집들은 세 가지 정도의 속 재료를 넣은 김밥을 주방에서 말아 쌓아놓고 손님이 오면 썰어서 내주는 식이었으나, 〈김家네김밥〉은 아홉 가지 이상의 속 재료를 사용해 고객이 볼 수 있는 장소에서 즉석으로 김밥을 말아 주는 콘셉트였다.

김밥을 마는 조리과정을 길거리에서도 훤히 볼 수 있게 쇼윈도형으로 꾸며놓았는데, 이것이 젊은 고객층을 매장으로 끌어들이는 역할을 했다. 점포 인테리어도 당시 분식집으로서는 심플하면서도 깔끔한 이미지로 디자인했다.

〈김家네김밥〉에 이어 〈종로김밥〉, 〈충무김밥〉, 〈압구정김밥〉 등 다양한 김밥 브랜드가 경쟁을 벌이며 김밥전성기를 구가했다. 이때 우동전문점도 함께 등장하게 되는데 〈장우동〉, 〈용우동〉, 〈한우동〉이 대표적이며, 이들은 우동 외에도 김밥이나 떡볶이를 함께 취급했다.

2) 위생과 식재료 품질 향상으로 분식의 프리미엄화

1994년 〈김家네김밥〉이 김밥으로 프랜차이즈에 성공했다면, 2000년 〈아딸〉이 떡볶이와 허브튀김으로 세상에 나온 시기다. 〈아딸〉의 경우, 2000년 11월 3000만원으로 26.45㎡(8평) 짜리 떡볶이 가게를 시작하여 입소문을 타게 되면서 2003년 4월 〈아딸〉로 탄생하게 된 것이다. 현재 〈아딸〉은 1000호가 넘는 가맹점을 둔 기업으로 성장했다.

초기 〈아딸〉의 메뉴 개발은 〈아딸〉 대표의 장인이 운영하던 문산 튀김집에서 기술을 전수받은 것이다. 당시 어른들은 떡볶이를 잘 사먹지 않았는데 그 이유로 '위생'을 꼽았다. 따라서 무엇보다도 위생에 신경을 써 가게를 깨끗하게 하고, 직원들에게 단정한 유니폼을 입혔다.

또 웰빙 열풍에 관심을 두고 튀김가루에 허브를 첨가했으며 식용유는 다양한 기름을 섞어 맛있는 비율을 찾아 사용했다.

〈아딸〉 대표는 2002년 서울 논현동 뒷골목 지하에 조그마한 방을 얻어 배달을 전문으로 시작했다. 배달 사업이 활성화되면서 당시 외식업 입지로는 아무도 눈여겨보지 않았던 가로수길에 첫 번째 매장을 오픈했다. 체계적이고 효율적인 레시피와 소스, 〈아딸〉만의 노하우로 담근 장아찌를 바탕으로 한 다양한 메뉴가 타 분식업체와 차별화된 경쟁력이 되었다.

3) 대형 프랜차이즈 브랜드 분식 기업의 각축전

2007년 9월 서울 안암동 고려대 인근에서 약 23.14㎡(7평)으로 시작한 〈죠스떡볶이〉는 떡볶이 레시피와 매운 떡볶이, 수제튀김, 찹쌀순대, 부산어묵 등 4가지 주력 메뉴의 식재료를 찾기 위해 전국 50여 곳의 떡볶이 맛집을 찾아 쓰레기통까지 뒤지고 다녔다.

튀김유와 튀김가루는 오뚜기, CJ제일제당 등과 공동 개발한 전용 재료를 사용했다. 〈죠스떡볶이〉의 떡 길이는 3.5㎝로 통일했는데 이는 20~30대 여성들이 립스틱 때문에 떡을 잘라먹는 버릇이 있는데, 한 입에 먹을 수 있도록 하기 위해서다. 〈죠스떡볶이〉는 2017년 가맹점 550개의 외식 대기업으로 성장했다.

2013년 7월 론칭한 죠스푸드의 김밥 브랜드 〈바르다김선생〉도 폭발적인 인기를 이어가고 있다. 김, 단무지, 계란, 햄, 쌀 등 식재료를 고급화해 프리미엄 김밥 시장에 안착했다.

2009년 부산 남구 용호동에서 시작해 입소문을 타면서 출발한 〈고봉민김밥人〉은 부산지역 김밥 명소로 이름을 날리다가 프리미엄 김밥 브랜드로 성장했다. 돈가스 김밥, 떡갈비 김밥, 매운 김밥, 새우 김밥 등 독특한 메뉴는 전국으로 확산시키기에 충분했고, 2016년 500호점을 달성했다.

〈스쿨푸드〉가 분식을 요리로 탈바꿈해 한국식 캐주얼 레스토랑으로 시장을 개척했다면 〈고봉민김밥人〉은 프리미엄 김밥으로 프랜차이즈에 성공한 사례다.

프리미엄 김밥 카페 〈바푸리〉는 2013년 기존 프리미엄 분식과 카페를 하나의 콘셉트로 시장에 선보인 후 2014년 250호점을 달성했다. 반면 기존 1세대 중저가 김밥 프랜차이즈 기업들의 가맹점 수는 2016년 기준으로 보면 답보 상태에 있다. 2015년 분식전문점은 대형 프랜차이즈 분식 기업의 각축전을 벌인 가운데, 메뉴 경쟁력이 부족한 독립점포들은 설자리가 더욱 부족해지고 있다.

또한 분식은 카페나 기타 이업종 간의 융합을 통해 새로운 콘셉트로 시장에 진입할 가능성이 크다. 이미 화덕피자와 떡볶이, 짬뽕과

피자 등 전혀 예견할 수 없는 업종 간 컬래버레이션이 눈에 띄게 등장했다. 하지만 신 메뉴 개발은 타사의 메뉴를 흉내 내는 수준에서 벗어나 새로운 창조적 활동이 필요하다. 그래서 사업주 혼자 아이디어를 만들어 내는 협의 시안보다는 종업원과 고객, 주위 조언자들과 함께 하는 위키 경영(Wikimanagement)이 대세다.

위키 경영은 위키의 개념을 경영에 접목한 경영방식으로, 직원이 경영에 참여해 빠르고 창의적으로 문제를 해결하는 경영시스템으로 관리적 의사결정을 참여형 의사결정으로 바꾼 것이다.

외식 대기업은 R&D 부서에서 신메뉴를 정기적으로 개발하지만 일반적인 외식업소는 개발이 어려운 실정이다. 또 사업주의 입맛보다는 늘 소비자의 입맛이 경쟁을 좌우한다. 언론에 보도된 '패밀리 레스토랑의 몰락'을 보면 2005년까지 최고의 전성기를 누렸던 패밀리 레스토랑의 경우 내수 침체와 외식 트렌드의 변화, 획일적인 콘셉트라는 삼중고에 빠지면서 생존이 위태로운 상황이다. 이들 기업은 적극적으로 신메뉴를 지속적으로 출시하고 유명 배우를 내세워 마케팅 활동을 꾸준히 해왔음에도 실패를 피하지 못하고 있다.

신메뉴는 단순한 조리법만을 개선하는 것이 아니다. 아무리 맛있는 음식이라도 고정된 개념을 탈피하지 않는 상황에서 개발된 메뉴는 몇 회는 응용이 가능하나, 시스템적으로 변화가 요구되는 시기에서는 더 이상 수용될 수 없는 상황에 직면하게 된다. 아직도 1세대가 경영 일선에서 진두지휘하고 있는 외식기업 중 답보상태에 있는 곳들은 고정관념을 탈피하지 못하고 있기 때문이다.

전체적으로 분식프랜차이즈 업계는 프리미엄 김밥브랜드가 사업을 본격화하여 간식에 그쳤던 분식이 식사와 외식으로 변모하면서 성장하고 있다. 높은 가격에 마진을 최소화한 사이드 메뉴의 종류도 다양해지면서 메뉴의 양극화가 나타나고 있으며, 메뉴뿐만 아니라 매장 인테리어도 카페형으로 꾸며 다양한 연령층의 고객이 방문하도록 하고 있다. 경기가 나빠질수록 신규 창업자들은 대중성과 안정성을 담보하는 업종을 찾게 되는데 가장 눈에 띄는 업종이 한식과 프리미엄 김밥전문점이다.

김밥전문점은 분식 전문점 시장을 대체하면서 안정적으로 시장의 트렌드를 주도하고 있다. 〈바르다김선생〉이 시장을 이끌어가는 가운데 〈고봉민김밥〉 등 새로운 브랜드가 생겨나고 있다. 2013년 7월 론칭한 〈바르다김선생〉 프랜차이즈는 〈죠스떡볶이〉 브랜드를 가진 죠스푸드가 운영하고 있다. 2007년 론칭한 〈죠스떡볶이〉는 떡볶이와 김밥의 연이은 성공으로 2014년 죠스푸드 본사 매출은 1000억원을 돌파했고, 이 중 〈바르다김선생〉의 비중은 20% 정도를 차지하고 있다.

김가네는 프리미엄 김밥 브랜드로서 입지를 확고히 하면서 브랜드 리뉴얼과 신메뉴 개발 등의 사업을 진행하고 있다. 브랜드 간 경쟁이 치열해지고 수익률도 악화되고 있는 구조의 돌파구로 해외진출을 선택한 기업들도 많다. 김가네는 중국시장에 진출해 베이징을 시작으로 칭다오 등에 본사의 직접 운영보다는 간접투자 개념의 마스터 프랜차이즈계약을 통한 안정적인 형태로 사업을 확대하여 중국가맹점이 지속적으로 증가하고 있다.

〈아딸〉은 새로운 상권개발과 프리미엄 아딸 브랜드를 론칭한 후 본격적으로 특수매장을 늘려나가고 있다. 특히 휴게소, 마트, 백화점 등 특수 상권 오픈에 주력하여 매출 상승에 주력하고 있다. 2014년 서브브랜드인 프리미엄 김밥전문점 〈가마솥김밥〉을 론칭하고 가맹사업을 활발하게 진행하고 있다.

〈스쿨푸드〉는 캐주얼 한식 브랜드로 브랜드 리뉴얼을 단행하였으며, 〈얌샘〉은 메뉴개편과 맛을 업그레이드한 신규 브랜드 론칭으로 경쟁력을 강화하고 운영의 안정화를 도모하는데 주력하였다. 또한 다브랜드 전력과 사업다각화 전략을 계획하고 있다. 또한 특화된 서비스, 카페형 인테리어와 프리미엄 메뉴 및 이색메뉴를 출시해 소비자 선택의 폭을 넓혔다.

〈표4〉 분식 프랜차이즈 브랜드 매출액 현황

회사명	브랜드명	매출액(천원)			
		2014	2015	2016	2017
케이비엠	고봉민김밥人	8,762,195	9,952,719	-	-
(주)죠스푸드	죠스떡볶이	59,239,447	42,707,389	33,999,971	-
(주)얌샘	얌샘	12,603,529	12,689,470	2,323,871	949,102
(주)죠스푸드	바르다김선생	16,333,850	47,653,228	32,027,860	-
(주)에스에프 이노베이션	스쿨푸드	21,828,060	28,257,944	41,009,246	-

자료: 월간식당, 공정거래위원회 정보공개서, 금융감독원 전자공시시스템 기준 (2017.08), 81.

〈표5〉 분식 프랜차이즈 브랜드 매장수 현황

회사명	브랜드명	매장수(개)			
		2014	2015	2016	2017
케이비엠	고봉민김밥人	508(0)	600(0)	-	-
(주)죠스푸드	죠스떡볶이	426(2)	357(3)	303(1)	292(1)
(주)얌샘	얌샘	90(1)	87(1)	46(3)	65(2)
(주)죠스푸드	바르다김선생	85(4)	192(5)	182(3)	182(4)
(주)에스에프 이노베이션	스쿨푸드	69(4)	60(3)	87(14)	-

자료: 월간식당, 공정거래위원회 정보공개서, 금융감독원 전자공시시스템 기준 (2017.08), 81. 괄호안은 직영점 수.

3. 분식 전문점의 경영 현황

한국 경제가 끝 모를 추락을 거듭하고 있다. 현재 우리나라가 겪고 있는 가계소득 둔화, 내수부진, 저금리 정책으로 쌓여온 가계부채의 부실화, 저출산 고령화로 인한 노동력 감소, 부동산 경기의 경착륙 등 일련의 현상들이 일본의 '잃어버린 20년'을 닮아가고 있다. 실제로 IMF가 보고한 '2015 World Economic Outlook'에 따르면 싱홍국의 GDP는 평균 5~6%의 성장을 지속하고 있지만, 선진국들의 세계 평균은 3%대에 머물 것으로 예상된다. 우리나라도 2014년에 3%대 성장률을 유지했으나 2015년 들어 2%대로 떨어져 특단의 조치가 없는 한 당분간 저성장 기조는 계속될 것으로 보인다.

1) 분식집 월매출

분식집 분석에 앞서 '큰 경제'를 짚어보고 일본의 잃어버린 20년을 들먹이는 이유는 이러한 추세가 지속될 경우, 저 아래에 있는 '작은 경제' 꼬리에 있는 분식집까지 보이지 않게 영향을 미치기 때문이다. 일반적으로 분식집은 적은 자본에다 매출액 편차가 적고 진입장벽이 낮아서 비록 비자발적 창업이라 할지라도 비교적 안정적인 업종이라고 생각하기 때문에 경기가 침체되더라도 영향을 적게 받을 업종이라고 생각해서다. 실제로 최근 3년간 우리나라 경기가 침체일로에 있음에도 분식집 창업은 꾸준히 늘어서 2013년에 2만4300개에서 2014년에는 2만5800개로, 2015년까지 2만9300개로 전년대비 3500개나 늘었다.

월평균 매출 역시 2140만원에서 2320만원, 그리고 2530만원으로 다소 늘고 있는 추세다. 자영업 전체로 보면 매년 창업자 수가 줄고 있음에도 유독 분식집이 계속해서 늘고 있는 것은 베이비부모들의 은퇴시기와 맞물려 생계형 1인 창업자들의 상당수가 분식집을 선택했기 때문이다. 사업자등록상 분식집으로 등록한 자영업자는 전국에 3만개 남짓이지만 유사 업종으로 등록한 경우까지 감안하면 약 4만개가 영업 중인 것으로 예측하고 있다.

시도별 비율을 보면 서울이 전체의 28.5%가 있고, 경기도에 24.4%가 있어 둘 중 한 개는 수도권 지역에 몰려있다. 다음은 경남이 6.4%, 부산이 5.9%다. 흥미로운 사실은 경기도가 총인구에서 차지하는 비중이 24.2%인데 분식집도 24.4%여서 대체로 균형이 잡혔지만, 서울은 인구 비중이 19.6%인데 분식집은 28.5%나 된다(2015년 기준). 서울은 이미 과포화라는 얘기다. 인구 대비 점포수가 경기도보다 서울이 많음에도 불구하고 매출은 서울이 높다. 그만큼 서울에는 분식으로 끼니를 때울 만큼 숨 가쁘게 살아야 하는 사람들이 많은 징조인지도 모른다.

2) 중국집과 커피전문점보다 큰 분식점 시장 규모

분식집은 시장규모가 어느 정도일까? 마이크로데이터의 메카 '(주)나이스지니데이터' (2015년 기준)를 통해 분석해 본 결과 약 9조원에 가까이 되는 것으로 나타났다. 이 정도 규모는 자영업의 대명사라 할 수 있는 치킨전문점의 10조2000억원보다는 적지만 중식의 7조2000억원이나 커피전문점의 6조9000억원보다도 크다. 통계로만 보면 결코 동네 장사라는 느낌이 안 들만큼 상당한 시장규모다. 좀 더 세부적으로 들어가 보면 분식집의 전국 월평균 매출액은 2530만원이다. 이에 비해 서울은 3370만원, 경기도는 2840만원의 매출을 올리고 있다(표6 참조).

〈표6〉 전국 분식집 영업현황 비교

(단위 : 천원)

	월평균 매출액	중위 매출액	점포 수(개)	업력(년)	주소비층
전국	25,332	13,447	29,370	3.1	40대(34.5%)
서울	33,705	19,036	7,357	3.6	30대(34.6%)
경기	28,463	17,794	6,308	3.2	40대(36.4%)

자료 : 이형석, ㈜나이스지니데이터(2016. 118-119)

매출이 다소 높다는 느낌이 들 수도 있지만 평균 매출이 높다고 분식집 창업해서 웬만큼만 하면 누구나 이 정도 버는 것은 아니다. 글자 그대로 평균은 모든 점포의 매출을 더해서 다시 점포수로 나눈 값이기 때문에 대체로 높게 나오는 경향이 있다.

그래서 평균 매출액 옆에 붙여놓은 값이 중위 매출액이다. 인지 하다시피 중위값은 모든 점포를 매출 순으로 일렬로 세웠을 때 한가운데 있는 점포의 매출액이기 때문에 시장적으로 보면 중위값이 보다 현실적인 매출액으로 볼 수 있다. 실제로 하위 25%는 월평균 340만원에 불과하다.

3) 분식점 고객 구조와 지역별, 계절별 매출

분식집을 찾는 고객을 성별로 보면 그 비율은 58:42로 남자의 비중이 약간 높다. 연령별로는 30세~45세 사이가 53%로 가장 많았는데 특히 40대 초반 비중이 높다. 반면에 가장 많은 비중을 차지할 것으로 생각됐던 20대는 의외로 적은 14.3%에 불과하다.

요일별로는 평일과 주말이 각각 69%와 31%로 주 중에는 금요일, 비중이 가장 높다. 하지만 평일의 요일별 차이는 그리 큰 편차를 보이지는 않았다. 시간대별로는 역시 점심시간인 12시~15시 사이와 저녁시간대인 18시~21시 사이에 집중됐다. 그래서 직장인과 학생들 간에 어떤 점이 차이가 나는지 알아보기 위해 서울 여의도와 학원가가 밀집해 있는 노량진을 비교해 봤다.

그 결과 노량진은 1만원 이하가 73.5%로 대부분이 소액결제를 한 반면 여의도는 평균 1만7000원으로 나타났다. 연령별로 보면 노량진은 예상대로 25세~35세 사이가 가장 많았고, 여의도는 30세~45세 사이가 고루 분포되어 있다. 요일별로는 상권 특성상 노량진은 일주일이 고루 나타나는 반면에 여의도는 주말 매출이 평일의 20% 수준에 그치고 있다.

분식 업종을 세분화해서 볼 때 세부 업종 중 떡볶이, 라면, 김밥 집은 노량진이 우세하지만 만두, 칼국수는 여의도가 단연 매출이 높게 나타났다. 그래서인지 만두 칼국수집은 노량진에는 10개 밖에 없지만 여의도에는 36개나 영업 중이다.

학원가에서는 분식 중에서 떡볶이, 라면, 김밥 등이 잘 되는데 객단가가 낮아야 하고, 오피스 지역에서는 만두, 칼국수집이 다른 분식에 비해 유리한 것으로 판단할 수 있다.

그렇다면 서울의 경우, 어느 지역이 가장 유망할까? 유망한 상권을 찾으려면 크게 두 가지 지표를 참고하면 되는데 매출이 어디가 가장 높은가? 그리고 최근 매출이 어느 지역에서 증가하고 있는가를 봐야 한다. 먼저 매출 상위 지역으로 보면 강남, 서초, 종로구가 가장 높고, 최근 가장 매출이 많이 증가한 지역으로는 성동구, 은평구, 중랑구 등이다. 이를 종합해 보면 서초, 성동, 은평구가 서울에서는 가장 유망한 지역으로 추정할 수 있다.

이번에는 경기도로 경기도 31개 시·군·구를 집중 분석해 본 결과, 과천시가 가장 높은 매출을 올렸고 다음이 화성과 용인 순으로 나타났다. 점포 수가 가장 많은 곳은 성남시로 576개가 있고, 다음이 용인시(512개), 고양시(466개)였다〈표7 참조〉. 지역별 업력, 즉 현재 영업 중인 분식집이 창업해서 현재까지의 영업 기간을 분석해 본 결과 전국 평균은 3.1년이었고 경기도는 3.2년으로 나타났다.

이를 기준으로 보면 연천군(5.5년), 여주시(4.9년), 동두천시(4.3년)의 평균 영업기간이 상대적으로 높았다. 그럼에도 매출액은 중하위에 랭크되어 있다.

매출액이 적음에도 불구하고 업력이 길다는 의미는 폐업할 경우 다른 대안이 없는 생계형 자영업자이거나 임대료가 상대적으로 낮은 지역이어서 비록 어렵지만 꾸려 갈만한 상황이 된다는 뜻이다.

〈표7〉 경기도 31개 시군구 분식집 영업현황

지역	월평균매출액	중위 매출액	점포 수(개)	업력(년)	주소비층
과천시	59,750	38,946	40	3.5	40대(39.6%)
화성시	56,301	21,666	251	3.4	30대(44.6%)
용인시	34,260	21,338	512	2.7	40대(43.4%)
구리시	34,247	22,303	87	2.6	40대(37.4%)
성남시	33,674	18,548	576	3.0	40대(36.3%)
고양시	31,860	21,050	466	2.7	40대(38.2%)
안양시	31,150	20,342	378	3.5	40대(34.7%)
오산시	29,552	13,890	141	3.3	30대(37.1%)
수원시	29,545	13,172	707	3.2	40대(36.0%)
김포시	29,112	19,403	110	2.1	40대(38.9%)
하남시	27,440	18,021	53	3.2	30대(40.6%)
평택시	26,631	16,216	263	3.1	40대(34.5%)
광주시	25,342	18,968	110	3.2	40대(36.9%)
양주시	25,032	19,141	71	2.6	40대(36.9%)
부천시	24,472	19,801	462	3.1	40대(34.6%)
광명시	24,394	14,658	194	4.0	40대(36.5%)
남양주시	24,095	29,662	232	2.9	40대(37.0%)
시흥시	24,004	15,868	271	4.0	40대(35.6%)
파주시	23,316	13,493	178	3.2	30대(36.1%)
의왕시	23,211	17,561	69	3.3	40대(40.0%)
포천시	23,004	11,968	51	3.0	40대(35.6%)
동두천시	22,891	11,817	44	4.3	40대(31.6%)
군포시	22,379	15,701	113	3.1	40대(39.2%)
의정부시	21,953	13,462	215	2.8	40대(38.6%)
여주시	19,351	11,922	33	4.9	40대(31.3%)
안산시	18,446	13,171	381	3.3	40대(34.7%)
가평군	16,709	25,003	36	1.8	30대(35.4%)
양평군	5,738	14,399	40	3.1	40대(38.1%)
안성시	14,608	17,632	88	2.5	40대(38.3%)
이천시	13,298	8,540	110	4.4	30대(34.4%)
연천군	11,341	7,666	30	5.5	40대(29.9%)

자료 : 이형석, ㈜나이스지니데이터(2016.)

창업할 때 참고해야 할 데이터가 또 하나 있다. 바로 창업 시점을 언제로 하느냐다. 분식집과 같은 입지 업종의 특성상 오픈 효과를 보지 못하면 초기에 큰 손실로 이어져서 회복이 어려울 수 있기 때문이다. 이를 판단하기 위해 분식집의 월별 매출액을 분석한 결과, 2~3월이 가장 적고 9월부터 잘 되는 것으로 나타났다. 따라서 창업한다면 1년 중 여름에 창업하는 것이 유리하다.

정리하면 분식집은 저성장기라도 다른 업종에 비해 다소 유리하지만 적은 자본으로 창업이 가능하고 진입장벽이 낮다는 점을 감안해서 대상 고객 특성을 잘 파악하여 부담이 적은 입지를 선택해야 한다.

4. 분식 전문점의 동향과 트렌드

1) 신규브랜드의 경쟁적 진입

신규브랜드 늘고 해외진출도 활발해졌는데 이중 프리미엄 VS 소자본 아이템으로 양극화가 대세이다. 분식 프랜차이즈 업계는 프리미엄과 소자본 아이템 간의 뜨거운 경쟁이 돋보인다. 특히 프리미엄을 내세운 떡볶이전문점, 김밥전문점 등 세분화된 메뉴를 강점으로 내세운 전략과 밥버거 열풍이 분식시장의 가장 큰 화두다.

해외진출도 그 어느 때보다 활기를 띠고 있다. 김가네는 산동성과 마스터 프랜차이즈 계약을 체결, 중국시장 공략에 힘을 실었으며 〈아딸〉도 중국 내 4호점인 왕징 천사마트점을 오픈해 높은 매출을 올리고 있다. 〈스쿨푸드〉도 홍콩, 인도네시아 등에 차례대로 진출하며 괄목할만한 성과를 달성하였다.

밥버거와 같은 소자본 아이템이 강세를 보인 가운데 분식 시장 한 켠에서는 매스티지 소비를 지향하는 고객들의 눈높이에 맞춘 프리미엄 브랜드들도 약진했다. 특히 〈김선생〉, 〈찰스숯불김밥〉등 프리미엄 김밥전문점들이 대거 등장해 주목을 받았다. 또한 〈공수간〉, 〈아딸〉 등 프리미엄 이미지를 강화해 새로운 가맹모델을 구축하는 사례들도 많았다. 지금도 분식 업계는 단일품목을 전문화해 프리미엄 이미지로 승부수를 띄우는 전략이 이어지고 있다.

분식 업계에 따르면 프리미엄 브랜드뿐만 아니라 분식 업계 전반에 신규 브랜드 론칭이 활발한 것은 기존 브랜드들의 가맹출점이 주춤한 상태에서 돌파구 역할을 해준 신규 브랜드들이 대거 나타났기 때문으로 전망한다.

계속되는 불황의 여파에도 불구하고 '불황에는 분식'이 역시 잘 운영됨을 입증하였으며 매스티지 트렌드 영향과 전문화·프리미엄화가 대세가 된 것이다. 특히 불황일수록 '식·패스트푸드는 잘 팔린다'는 통설이 있듯이 이를 입증하듯 분식 업계는 장기불황에도 꾸준한 성장을 이뤄 매장수는 물론 매출도 소폭 증가했다.

(1) 김家네 20주년 기념 리뉴얼 및 전문 경영인 체제 전환

지난 1994년 오픈해 원조 프리미엄 김밥 브랜드로 자리매김한 〈김家네〉는 창립 20주년을 맞아 대대적인 브랜드 리뉴얼과 신메뉴 개발을 단행했다. 김가네의 브랜드 리뉴얼은 고급화에 초점을 맞췄으며 새로 오픈하는 매장 중심으로 고급스러운 카페 인테리어를 적용, 단순한 식사 공간을 벗어나 힐링의 공간으로 재탄생시켰다.

또한 부산 서면직영점 오픈을 기점으로 상대적으로 취약했던 부산·경남지역의 브랜드 활성화에 나섰으며, 부산사직야구장 전광판 광고를 함께 진행하는 등 지역 밀착도를 높이는 마케팅에 주력했다. 아울러 박정환 전 롯데리아 크리스피크림도넛 대표를 브랜드 총괄 신임 사장으로 선임해 전문경영인 체제로 전환했다. 박 신임 사장은 고부가가치 사업의 성장과 기업경영 투명성, 독립성, 전문성 강화 등 경영개선에 힘을 쏟고 있다.

한편 김가네는 중국 칭다오에 천태점을 오픈하는 등 중국 내 7개 매장을 운영하며 중국시장 공략에도 박차를 가하고 또한 최근 론칭한 치킨전문 브랜드 〈치킨방앗간〉의 가맹사업도 본격화하면서 현재 6개의 매장을 운영 중이다.

(2) 얌샘 프리미엄 김밥으로 틈새 마케팅 시동

깔끔한 인테리어와 다양한 메뉴로 인기를 끌고 있는 ㈜얌샘은 전체 매출이 27억원 증가하는 성과를 보였다. 이는 지속적인 R&D를 거친 70여 가지의 다채로운 메뉴로 고객들의 재방문을 유도했으며, 불황기에 저가메뉴가 소비자들의 지갑을 열었기 때문으로 분석된다.

또한 소자본 창업의 인기와 함께 조리가 쉬운 원팩시스템, 13여 년간의 프랜차이즈 노하우가 담긴 운영시스템, 본사의 사후관리시스템으로 예비 창업자들의 선호도가 높아 매장수도 소폭 증가했다.

특히 기존 브랜드 안정화 및 신규 브랜드 론칭에 집중해 최근에는 압구정에 론칭한 프리미엄 김밥전문점 〈고집쟁이 김팔이〉는 메뉴, 인테리어, 운영시스템 등을 오랫동안 준비해 오픈하자마자 빠른 입소문을 탔다. 무산(無酸) 처리한 김 등 친환경 식재료만을 고집하고 주문 즉시 조리를 원칙으로 소비자들에게 호응을 얻고 있다.

얌샘은 고집쟁이 김팔이 압구정점을 테스트 매장으로 활용해 신규 브랜드의 경쟁력을 높이고 가맹사업을 확대해 나가고 있다. 또한 얌샘은 〈상하이짬뽕〉 인수로 분식, 한식, 일식, 중식 브랜드까지 총 망라한 종합외식기업의 토대를 확립하고 창사 이래 최초의 본사매출 100억 원을 달성하는 등 괄목할만한 성장을 이루었다.

또한 〈얌샘김밥〉 브랜드 리뉴얼을 단행, 밥샌드 및 웰빙김밥을 출시하는 등 변화하는 시장 트렌드에 맞춰 발 빠른 콘셉트 변화를 시도했으며 제2브랜드인 〈우마이오사카〉의 성공적인 테스트 운영을 바탕으로 부산광역시에 2호점을 오픈하기도 했다.

얌샘은 이러한 여세를 몰아 신규 브랜드인 김밥전문점 〈김팔이〉를 론칭하였다. 또한 전략적인 매장관리 및 가맹점과의 파트너십 강화와 공격적인 홍보 및 마케팅을 진행하여 얌샘 90호점, 상하이짬뽕 50호점 등 브랜드 안정화에 기틀을 다져 나가고 있다.

(3) 킹콩떡볶이 맛과 품질로 초고속 성장세

론칭한지 1년여 만에 50개의 매장을 오픈한 ㈜이심전심의 〈킹콩떡볶이〉는 무서운 성장세로 업계의 주목을 받고 있다.

킹콩떡볶이는 가맹점 영업활성화를 위해 경영평가제도를 운영하고 있다. 이는 가맹점의 운영상태, 서비스, 매뉴얼 준수 등을 종합적으로 평가해 가맹점의 운영을 돕는 제도다. 매월 평가 결과를 종합해 분기별로 상위 매장을 시상하고 가맹점간 건전한 경쟁구도를 유도한다. 또 가맹점 장인제도를 운영해 맛과 품질을 유지하는데 주력하고 있다.

킹콩떡볶이는 "매운떡볶이, 국물떡볶이, 파닭떡볶이 등 이색적인 메뉴와 뛰어난 품질 등이 초고속 성장의 비결"이라고 말한다. 킹콩떡볶이는 계속해서 가맹점 활성화를 위한 이벤트를 기획 중이며, 브랜드 교육장과 직영점을 추가로 개설해 직원 및 가맹점주들의 교육 강화와 신메뉴 개발에 만전을 기하고 있다.

(4) 죠스떡볶이·바르다 김선생 조리학교와 MOU로 외식 인재 확보

〈죠스떡볶이〉는 론칭 6년 만에 400호점을 오픈했으며, 수많은 분식프랜차이즈의 탄생에도 매출이 600억 원에 달하는 쾌거를 기록했다. 그리고 최근 론칭한 죠스푸드의 김밥 전문 브랜드 〈바르다 김선생〉의 가맹사업을 본격화했다.

바르다 김선생은 유해식품첨가물이 들어가지 않은 백단무지, 무항생제 달걀, 오랜 전통의 수제 참기름 등을 사용한 프리미엄 김밥 브랜드다. 현재 100여 개의 매장을 운영 중이다.

죠스푸드는 바르다 김선생의 예비 가맹점주들을 위해 아카데미를 설립하는 등 가맹점 퀄리티 유지를 위해 힘쓰고 있다. 또한 최근 국내 대표 전문조리교육학원인 한솔요리학원과 산학협력 및 인재교류를 목적으로 한 업무협약을 체결했다. 이로써 표준화된 맛과 서비스를 유지함은 물론 인재의 안정적인 확보에도 기대하고 있다.

또한 분식의 프리미엄화를 선도한 〈스쿨푸드〉는 꾸준한 신메뉴 출시와 다채로운 이벤트로 고객들의 발길을 끌고 있다. 뿐만 아니라 도농이마트와 웅진플레이시티 등 국내 신규 매장 출점은 물론 인도네시아, 태국, 홍콩 등 해외에서의 인기도 이어지고 있다.

특히 메뉴 및 서비스 퀄리티 향상을 도모하고, 본사와 매장이 동반성장을 이루는 기틀을 마련하기 위해 각 매장 점주 및 직원들을 대상으로 스쿨푸드 우수매장 시상식을 개최해 오고 있는데 스쿨푸드는 앞으로도 각 매장과 본사간 파트너십을 더욱 공고히 하고 상생할 수 있는 다양한 방안을 모색한다는 방침이다.

신규 브랜드 론칭, 가맹사업 정비에 심혈을 기울이고 있는 김가네는 신규 브랜드인 파크볼226을 론칭하고 직영점을 오픈하며 안정적인 시범운영과 가맹사업 정비에 심혈을 기울였다. 또한 〈김가네김밥〉등 기존 브랜드는 고급화 및 내실 강화에 초점을 맞춘 브랜드 리뉴얼을 단계적으로 시행했다. 또한 업계 흐름상 대내외 이슈 발생 건수가 많아짐에 따라 소비자상담실을 강화하고 크로스 점검 체계를 갖춰 가맹점 관리시스템에도 주력하고 있다.

그리고 신규 브랜드에도 집중해 본격적인 가맹사업을 전개하고 있으며 공격적인 마케팅을 실시하고 있다. 또한 중국시장에 꾸준히 노크한 결과 산동성과 가맹지역본부 마스터 프랜차이즈 계약을 체결하였고, 그밖에 중국 난탄점(南灘店)을 시작으로 산동성 지역 출점 확장에도 본격적으로 나섰다.

또한 〈아딸〉은 최근 12개 매장을 추가로 오픈하며 992개 매장수를 기록, 분식 업계에서 독보적인 매장수를 확보하였다.

특히 2011년 중국진출 이후 매년 해외매장 개설 역시 꾸준히 이뤄져 눈길을 끌었다. 중국 북경 왕징 천사마트점을 오픈한 이래 왕징점의 경우 오픈 이후 월 매출이 한화 기준 6000만원 선을 유지하며 큰 인기를 얻고 있으며, 이러한 성과를 인정받아 아딸 자체 결산 결과 최우수 점포로 선정되기도 했다.

이밖에도 국내에서는 새로운 상권을 개발하고 프리미엄 카페, 대형매장, 백화점, 마트 등 업그레이드 된 매장을 론칭했다.

〈스쿨푸드〉는 글로벌 시장 진출에 박차를 가한 결과, 해외에서의 경쟁력을 다시금 확인했다. 대표적인 예로 스쿨푸드 홍콩 타임스퀘어점은 홍콩의 유명 맛집 사이트 오픈라이스에서 1위로 선정된 데이어, 월 매출 3억 원을 돌파하며 승승장구하고 있다.

또한 인도네시아 자카르타점은 인도네시아의 가장 핫한 맛집으로 자리 잡았으며, 최근 오픈한 롯데몰 내에서 매출 1위를 달성하며 좋은 성과를 거두고 있다.

스쿨푸드는 홍콩, 태국, 인도네시아 등 해외진출에 더욱 힘을 싣고 있으며 비빔밥, 불고기로 대표되던 K-푸드를 더욱 다양하고 풍성한 메뉴로 인식할 수 있도록 하고 있다. 또한 스쿨푸드와 함께 식사와 디저트, 샐러드, 커피를 함께 즐길 수 있는 신규 브랜드인 카페리맨즈에도 총력을 기울이고 있다.

또한 자체물류센터 준공해 가맹사업을 순항중인데 본격적인 가맹사업을 시작한 〈공수간〉은 장기불황에도 불구하고 신규 가맹점 31개를 오픈하며 순조로운 가맹사업을 전개했으며 이러한 순항에 힘입어 자체물류센터를 준공, 경쟁력을 강화해 나가고 있다.

특히 프리미엄 분식 이미지의 정착으로 백화점 및 대형쇼핑몰에 입점을 활성화 했고 입점 브랜드 중 매출 상위권을 유지해 주목을 받고 있다. 또한 해외시장에도 진출을 가시화하고 자체물류사업을 통한 다양한 수익모델을 창출하고 정기적 신메뉴 론칭 및 이벤트를 통해 매출활성화 전략을 지속적으로 시행하고 있다.

특히 한국프랜차이즈 만족지수 돈까스 부문 1위로 선정된〈생생돈까스〉는 불경기에도 불구하고 16개의 신규매장을 오픈하며 가맹점 개설에서 좋은 성과를 거뒀다. 특히 한 달 동안 6개의 매장을 연달아 오픈하는 등 좋은 실적을 내며 가맹점과 소비자 모두에게 신뢰를 구축하였다. 이러한 성과를 반영하듯 한국표준협회가 선정한 '한국 프랜차이즈 만족지수 돈까스 부문'에서 1위를 차지하기도 했다.

또한 한국외식경제연구소와의 기술적 제휴를 통해 지속적인 신메뉴를 선보이고 있으며 론칭한 매운돈까스 3종과 오므라이스가 고객들의 호평을 얻고 있다.

생생돈까스는 수도권을 중심으로 신규 매장 확대에 주력할 계획이며 기존 가맹점의 매출 증진 프로모션 및 본사와의 관계 유지관리를 집중적으로 진행해 나가고 있다.

2) 분식 전문점 위협하는 편의점 간편식

편의점 도시락 시장이 급성장하고 간편식 제품들이 앞다퉈 출시되면서 분식업계의 입지는 좁아지고 있다. 여기에 최근 프랜차이즈, 최저임금인상, 상표권 분쟁 등으로 업계는 시끌시끌한 분위기다.

(1) 분식업계 위협하는 편의점 간편식 시장

불황일수록 분식이 잘 팔린다는 통설처럼 2014년까지 분식업계는 세월호 여파를 이겨냈을 정도로 꾸준한 성장세를 유지했다. 2015년과 2016년 계속되는 경기불황에 무한리필 즉석떡볶이 시장이 참신한 아이템과 가성비를 내세우며 새로운 분식계 강자로 떠올랐고 최근 편의점 간편식 제품들이 앞다퉈 출시되면서 기존 분식업계의 입지가 좁아지고 있다. 지난 2016년 말 편의점 브랜드들이 전자레인지에 3분만 돌리면 즐길 수 있는 떡볶이 제품과 김말이, 튀김, 떡볶이가 함께 들어 있는 분식 세트를 잇따라 론칭하면서 분식업계는 직격탄을 맞았다.

편의점 씨유(CU)의 연도별 도시락 매출신장률은 지난 2014년 10.2%, 2015년 65.8%, 지난 2016년 163.8%로 가파른 증가세를 보였다. 편의점에서 분식류 메뉴르 선보이면서 2017년 매출 공개가 어려울 정도로 매출 부진이 심각하다. 혼밥 트렌드에 1인용 분식 세트 메뉴를 내놓은 업체의 경우 생각만큼 반응이 빠르게 오지는 않은 것으로 알려졌다.

간식겸 안주, 야식으로 통했던 분식이 편의점 간편식에 자리를 빼앗겼다는 평가도 있다. 실제 서울 강남구에 위치한 한 분식 프랜차이즈 가맹점주는 "편의점에서 김밥, 떡볶이, 순대와 심지어는 라면 즉석조리기를 설치하면서 근방 1km 이내 분식집은 다 망했다"고 토로하였다. 편의점 김밥과 간편식을 자주 찾았던 점은 샐러리맨은 퇴근길 자주 찾았던 분식집 방문 횟수는 줄고 편의점으로 향하는 횟수가 많아진 것이다. 편의점 떡볶이는 컵라면처럼 종이 용기에 재료를 넣고 물만 부으면 2~3분 안에 완성되기 때문에 혼밥을 즐기는 고객들은 간편함과 저렴함에 자주 찾게 된다는 반응이다.

(2) 새로운 메뉴 도입, 편의점과 윈-윈 전략도

〈아딸〉을 론칭해 10년간 가맹점 1000개 이상을 확보했던 ㈜오투스페이스가 지난 5월 '감탄떡볶이'라는 이름으로 새롭게 론칭했다. 감탄떡볶이는 메뉴판과 포장지, 홍보물 등을 새롭게 개편하면서 외식업계에서 인기를 끌고 있는 핫도그를 메뉴 전면에 배치했다. 핫도그와 함께 우동 메뉴도 대폭 강화해서 핵심 메뉴로 선보이고 있다.

죠스푸드의 김밥 브랜드 '바르다 김선생'은 지난 2016년 5월 신세계가 운영하는 위드미(이마트24) 편의점에 숍인숍으로 오픈하면서 편의점과 서로 윈윈하는 전략을 모색했다. 그랩앤고 방식으로 쇼케이스에 김밥을 비치하거나 즉석에서 만들어 주는 방식 중에 고객들이 선택하게끔 콘셉트를 잡아 경쟁력을 갖추었다. 고객들은 편의점 김밥을 사러 왔다가 바르다 김선생의 김밥을 사고 김밥에 곁들이는 라면과 음료를 사는 등 동반 매출이 일어나면서 객단가가 상승하는 윈윈효과를 보고 있다.

지난 2017년 7월 13일 농림축산식품부와 aT한국농수산식품유통공사가 발표한 2018년 외식산업 경기전망지수에 따르면 분식 및 김밥

전문점의 경기가 나아질 것이라는 기대가 나왔다. 전문가들도 외식 업계 키워드로 패스트 프리미엄을 꼽으며 프리미엄 김밥 시장의 성장세를 눈여겨보고 있다. ㈜얌샘의 '얌샘김밥'은 2017년 가맹점이 20개가 늘었고 가맹점 평균 매출액도 2016년 대비 평균 매출액도 2016년 대비 12%의 증가를 보이면서 선전했다는 반응이다. 하지만 막상 프리미엄 김밥 시장이 과당경쟁으로 거품 빠지기가 시작됐다고 평가하기도 한다. 즉 지금까지 호황을 누렸던 프리미엄 김밥 시장이 업체들의 과도한 진출로 경쟁이 치열해 지면서 몇몇 업체들의 시장 이탈 현상이 일어났다. 패스트 프리미엄 트렌드를 김밥외에 다른 메뉴에도 적용시키거나 대대적인 메뉴 개편을 하지 않고서는 살아 남을 수 없게 된 것이다. 또한 이런 현상이 지속되면서 유행성 프랜차이즈의 거품이 꺼지면 경쟁력 있는 업체만 살아남는 시장 개편이 일어나기 때문에 경쟁력 있는 업체에게는 기회가 될 것이다.

2018년 최저임금이 7530원으로 결정되면서 분식업계는 먹구름이 더 짙어졌다. 분식업은 다른 업종에 비해 노동집약적인 구조로 인건비가오르면 가맹점주가 가져갈 수 있는 이익은 훨씬 더 줄어든다.

강남구의 한 분식 프랜차이즈 가맹점의 경우 50㎡(15평) 남짓한 규모지만 주방화 홀을 합해 총 6명의 인력이 일을 하고 있다. 김밥을 싸는 직원 2명, 홀 1명, 카운터 1명에 주방 고정 인력 2명이 움

직이난. 김밥 메뉴의 특성상 고객이 오면 바로 포장을 해주어야 하기 때문에 2명 정도는 꼭 있어야 한다. 인근에 있는 다른 분식집의 경우 점주와 직원 2명이 운영 중인데 한 그릇에 3000~4000원 받으면서 인건비까지 올려 줄 여력이 없다.

3) 분식 전문점의 변화 멀티화

주변 어디에서나 볼 수 있는 분식점에서 쉽게 접할 수 있는 라면, 국수, 떡볶이, 김밥, 순대, 어묵 등의 메뉴는 보편성이 강하고 요리 방법이 비교적 단순한다. 그래서 평소 요리에 대해 부담감이 적은 여성 창업자들이 손쉽게 창업에 도전하는 경우가 많다. 김밥전문점, 떡볶이전문점, 국수전문점 등으로 차별화를 시도하지만, 업종에 대한 경계도 불분명하다.

소자본 창업의 대표업종인 분식점은 김밥전문점과 떡볶이 전문점, 우동전문점 외에 유사업종까지 합하면 전국에 약 5만여 개 사업체가 이 운영하는 것으로 추정된다.

공정거래위원회에 정보공개서가 등록된 프랜차이즈 브랜드만 김밥 브랜드가 60여개, 떡볶이 브랜드가 70여개로 약 130여개의 본부가 있다. 대부분은 독자적인 상호나 유사상호로 영업하는 것이 일반적이다. 장기불황에 갈수록 어려워지는 국가 경제로 직장인이나 청소년들의 주머니 사정은 갈수록 가벼워지고 있다. 그동안 진입 장벽이 낮고 쉽게 창업할 수 있었던 분식점은 창업과 폐업을 반복하는 부침이 심한 업종으로 인식되고 있다.

저렴한 가격을 무기로 영세하게 운영해오던 기존의 분식점들도 이제는 창업과 운여이 달라져야만 생존할 수 있다. 유사한 음식의 맛과 분위기에 약간의 기교만으로는 고객을 감동시킬 수 없기 때문이다.

〈표8〉 업종별 사업체 수

No.	업종	사업체 수
1	한식업	195,460
2	라면, 김밥	39,311
3	만두, 칼국수	17,012
4	순대	6,087
5	떡볶이	5,103
6	우동	1,740

분식점 창업의 매력은 소규모매장으로 창업이 가능하고, 투자비용이 적고, 전문적인 요리경험이 부족해도 창업할 수 있고, 고객충도 청소년과 여성들이 많아 고객들의 입맛만 사로잡으면 대박 점포가

될 수 있다는 점이다. 최근 분식점의 트렌드는 다양하면서도 천편일률적인 메뉴 라인에 비위생적이고 영세한 이미지를 탈피하여 새롭게 변신하는 추세다. 50여가지 이상의 다양하면서도 업체마다 대동소이한 저가형 메뉴에서 세분화 또는 전문화된 메뉴로 건강한 맛의 가치를 선보이고 있다. 천편일률적인 맛은 업체 또는 브랜드별로 독특한 맛을 선보이고 서비스 또한 고급화르 추구하고 있다. 영세하고 비위생적인 시설은 카페형의 세련되고 고급스러운 분위기의 인테리어로 바뀌고 있다. 청소년 고객이나 여성, 직장인들의 감성에 호소하고 음식의 맛을 더욱 업그레이드 시키기 위함이다. 갈수록 까다로워지는 소비 취향으로 인해 누구나 쉽게 접근할 수 있었던 개인 브랜드 분식점들이 창업과 경영이 까다로워짐에 따라 분식전문 프랜차이즈 창업을 선호하는 추세다.

공덕역 1번 출구 인근의 경덕 자이파크 1층 상가에서 45㎡(14평) 규모의 면적에서 테이블 6개를 두고 직원 2명과 함께 보증금 5000만원에서 임차료 월 250만원의 조건으로 〈김라덕선생〉을 운영하고 있는 ㈜토탈솔루션스코리아 이상헌 대표는 기존의 분식점과는 달리 한 차원 진화된 멀티분식점을 표방하고 프랜차이즈 사업을 전개하고 있다. 멀티분식점은 떡볶이저문점+커피숍+스몰비어의 3가지 업종이 어우러진 새로운 형태의 복합적인 외식문화 공간이다. 이곳은 위생적이고 믿을 수 있는 안전한 식품, 건강한 맛이 살아있는 다양한 메뉴제공, 고객의 니즈에 맞는 메뉴개발에 중점을 두고 음식과 문화가 어우러진 새로운 외식 문화공간 창출을 위해 심혈을 기울이고 있다. 이 점포의 대표메뉴는 김주먹밥, 국물떡볶이, 라면, 순대, 튀김류이다. 가격은 김주먹밥 2000원, 국물떡볶이 3000원, 라면 3500원, 튀김류 500원, 치킨세트, 떡볶이세트 등의 세트메뉴는 2인 기준 1만200원이다. 치킨가라아게나 순대볶음 등의 안주메뉴와 어울리는 크림생맥주는 500cc를 2000원에 제공하고 있다.

직장인들의 간편 점심식사와 하교길 청소년들을 위해 김주먹밥, 떡볶이, 라면, 순대, 튀김류 등의 간식위주 메뉴, 만남의 장소로 이용하는 여성고객을 위해 아메리카노를 추가시켰고, 퇴근길 직장인들의 가벼운 술자리를 위해 스몰비어 성격을 추가해 고객층을 다양화시켰다. 우드소재를 기본으로 세련된 카페 인테리어로 차벼롸를 시도하였을 뿐 아니라 코피스족을 위하여 인터넷을 사용하고 스마트폰 충전, 신세대들이 좋아하는 음악을 제공하여 가족외식이나 데이트장소로도 손색이 없는 외식문화공간으로 꾸몄다. 편안하고 안락한 카페분위기의 인테리어로 꾸민 매장에서 보다 위생적인 음식을 제공하고 있어 고객만족도를 더욱 높였다.

프리미엄분식은 기존 분식 아이템에서 조금 더 진화된 분식이다.

더 좋은 식재료와 맛, 모양새를 담고, 인테리어도 고객들이 선호할 만한 분위기로 옷을 갈아입었다. 고객들도 저가 분식집보다느 몇 천 원을 더 내더라도 카페같은 고급스러운 공간에서 분식을 즐기고자 한다. 프리미엄 분식의 가장 두드러진 특징은 김밥에서 식재료가 보다 고급스러워지고, 속 재료를 많이 넣어 김밥의 크가가 더 커진 것을 잘 알 수 있다. 또 속 재료를 채썰어 식감을 더욱 살린 것이 두드러진다. 그 외에는 먹기 좋은 크기와 한 두가지 속 재료에 집중한 꼬마김밥을 썰어낸 것이 최근 김밥의 트렌드다. 프리미엄분식은 예비창업자들의 소자본 창업 니즈와 합리적인 가격, 건강을 지향하는 소비자들의 소비 패턴과 잘 맞아 떨어진다. 하지만 일각에서는 프리미엄이라는 콘셉트 때문에 인테리어나 메뉴의 겉모습만 화려하고 실속없는 거품창업이 될 수도 있음을 우려한다. 즉 창업자들은 업종과 아이템을 선정할 때 베스트셀러 아이템 보다는 시장수요가 장기적인 스테디셀러를 선정하는 것이 안정적이며, 아무리 좋은 아이템이라도 소비자 수요보다 창업자의 공급이 급격히 많아지면 피해는 고스란히 창업자의 몫으로 가게 된다. 그런 면에서 프리미엄 분식은 스테디셀러 아이템으로 보다 안정적인 창업이 될 수 있을 것이다.

소비자들에게 분식은 '저가' 이미지가 강한데, '프리미엄'이라는 가치가 더해져 기존 분식의 몸값을 올려 주는 좋은 장치가 되고 있다. 프리미엄 분식이 불경기 환경에서 창업시장과 고객들에게 환영 받는 아이템이 될 수 밖에 없는 이유를 살펴보면 다음과 같다.

첫째, 소자본 창업이다. '프리미엄'이라는 가치가 붙지만 10평 내외의 창업이 가능하고, 인테리어 비용이 많이 들지 않는 장점이 있다. 창업자들의 소비심리 위축으로 1~2억원대의 소자본 창업이 가능하다.

둘째, 소자본 창업이다 보니, 자연스레 임대료나 인건비에서 고정비를 절감할 수 있다. 이곳에서 절감한 비용을 좀 더 좋은 상권에서 영업할 수 있는 기회가 돼, 매출을 올릴 수 있다. 물론, 분식의 특성상 굳이 A급 상권이 아니어도 B, C급 상권에서도 충분히 경쟁력이 있다. 분식은 복잡하고 까다로운 공정과정을 거치지 않아 인건비 절감에서 큰 메리트를 가진다.

셋째, 남녀노소 연령층에 상관없이 누구나 즐겨 찾는 서민형 먹거리 아이템이라는 점이다. 프리미엄 분식의 가격이 아무리 비싸다 한들, 일반음식점의 식사 가격과 큰 차이가 나지 않아 가격적인 부문에서 소비자들에게 경쟁력을 가진다.

넷째, 건강과 맛, 분위기를 중요하게 생각하는 고객니즈가 잘 맞아 떨어진다. 그동안 분식은 가격이 저렴하고 조미료를 많이 넣는 평범한 음식 맛으로 각인돼왔다. 때문에 고객들에게 약간의 프리미엄을 붙여 만족도를 높이는데 주효하다.

프리미엄 분식에도 함정은 있다. 식재료는 좋은 것으로 사용하며, 맛을 좀 더 업그레이드하고, 인테리어에 힘을 싣다 보면 가맹점주의 수익률이 과연 보장될 것인가 하는 의문이다.

인테리어 비용 역시 기존 분식전문점 보다 업그레이드 하다 보니, 20~30% 창업비용이 추가적으로 들 수 있다. 무엇보다 고객들에게 맛과 분위기에서 만족을 가져다주지만, 정작 가맹점주에게 수익률을 가져다 줄 수 없다면 고민해 볼 필요가 있다.

프리미엄 분식의 향후 경쟁구도도 이 부분을 얼마나 오랫동안 유지할 수 있느냐가 관건이다. 또 메뉴의 질에 주력하다 보면 메뉴 가짓수가 늘고, 복잡한 조리 과정을 거치게 돼 오히려 악영향을 미칠 수 있다. 회전률에 부정적인 영향을 미칠 수 있다.

따라서 고객들은 결국 오리지널한 맛을 추구하기 때문에 프리미엄 분식에 대한 운영계획을 잘 짜야 한다. 점포에서 운용하기 쉬우면서도 오랫동안 고객들에게 어필될 수 있는 메뉴전략을 짜는 것이 관건이다. 때문에 많은 발품과 메뉴계획을 짜 창업에 임해야 한다.

II

떡볶이 전문점

1. 떡볶이의 역사와 발전

1) 떡볶이의 유래와 진화

가래떡은 간장 양념에 또는 고추장 양념에 볶거나 끓여서 먹는 음식, 각종 채소와 어묵, 고기와 삶은 달걀, 라면이나 당면 등 기호에 따른 각종 재료가 들어간다. 떡국처럼 떡을 어슷썰기 하여 넣으면 부드럽고 말랑말랑한 식감에 더 많이 밴 양념맛을 느낄 수 있으며, 붕어묵도 어슷 썰어 넣는 곳도 있는데 이것은 이것대로 맛있다.

떡볶이는 용돈이 소박한 어린이들의 영원한 친구이자 방과 후 친구들과 먹는 즐거운 간식이며 어른들에게는 하나의 훌륭한 음식이자 추억이기도 하고, 술안주이기도 하며, 추운 겨울 포장마차에서 홀로 즐기는 따뜻함이기도 하다.

궁중떡볶이가 아닌 우리가 흔히 떠올리는 고추장을 사용한 빨간 떡볶이는 역사가 짧은 음식이다. 바쁜 현대사와 함께 하며 떡볶이의 맛과 조리법은 다소 천편일률적으로 되었는데, 최근 들어 다양한 요리법을 개발하면서 다양한 떡볶이로 진화하는 중이다.

떡을 무엇으로 만들었느냐에 따라 '밀 떡볶이'와 '쌀 떡볶이'로 나뉜다. 쌀 자급자족이 어려웠던 과거에는 가격이 싼 밀가루로 떡을 만들어 떡볶이에 사용했지만 오늘날에는 쌀이 남아도는 세상이 되었고 밀가루값 파동 때 밀떡값이 오른 이후로는 밀 떡볶이나 쌀 떡볶이나 가격 차이가 별로 안 난다. 원래는 단가 절감과 쌀 절약을 위해 만든 밀떡이었으나 나름의 맛이 있어 이쪽을 좋아하는 사람도 많다. 양념이 많이 배는 정도를 원하면 밀떡, 쫄깃한 식감을 원하면 쌀떡이다.

장시간 떡볶이를 만드는 경우 국물의 정도와 떡의 탄력성 사이에서 균형을 잡기 위해 쓴다. 그 외 전분 떡볶이도 있는데, 노란색이 특징으로 밀가루에 전분을 많이 섞어서 만든 것으로 더 쫄깃하고 잘 퍼지지 않는다. 노란색이지만 익히면 흰색에 가까워진다.

또한 떡+물+양념을 졸인 간단한 음식인 탓인지 배합과 양념의 차이가 큰 음식으로, 떡볶이 맛은 가게마다 아주 다르나. 특히 조리가 완성된 것을 파는 '일반적인 떡볶이'와 덜 조리된 재료를 가스레인지 불로 익혀 먹는 '즉석 떡볶이'는 비슷한 계통의 다른 음식이라고 봐도 될 정도로 맛이 확연히 다르다.

흔히 볼 수 있는 분식집형 떡볶이 외에 테이블에서 재료를 넣고 만들어 먹는 스타일도 있는데, 이러한 떡볶이는 즉석 떡볶이라고 하여 따로 분류한다. 신당동 마복림 할머니 떡볶이도 즉석떡볶이다. 기본 재료인 떡과 어묵 외에 당면, 쫄면, 깻잎이나 양배추, 양파 같은 각종 채소, 달걀, 군만두 등이 들어가며, 보통 그냥 시키면 떡과 채소, 약간의 어묵만 있고 나머지는 '사리'란 이름으로 따로 시켜야 한다. 최근에는 사리가 무한리필 되는 떡볶이 뷔페도 생겼다.

현재 정부에서 추진하고 있는 '한식의 세계화'의 일환으로 떡 색상과 모양의 다양화, 외국인 입맛에 맞는 떡볶이 개발 등의 연구가 이루어지고 있다. 실제로 한국쌀가공협회 산하에 '떡볶이 연구소'가 있으며, 여기서 색다른 소스와 재료들을 가지고 다양한 떡볶이를 만들어 내고 있다. 그런데 쌀이나 밀가루의 쫄깃한 맛은 서구권에서는 별로 환영받지 못한다면서 한식 세계화로 떡볶이를 밀어주는 것은 어렵겠다는 의견도 있다.

영양학적으로는 별로 권장할 만한 음식은 못 된다. 1인분 나트륨 함량만 따져 봐도 하루 권장량에 따르거나 조금 덜 한정도로 엄청난 나트륨 함량을 자랑한다. 열량도 무시 못하는게 애초에 주재료가 떡이다. 보도에 따르면 떡볶이 속의 떡을 5개만 먹어도 200kcal를 넘게 되며, 1인분을 섭취할 경우 적게는 500kcal에서 많게는 1000kcal 이상을 섭취하게 된다고 한다. 여기에 라면, 쫄면, 소시지 같은 각종 부재료, 사리들을 첨가해 먹는다면 열량은 비약적으로 상승하게 된다. 따라서 다이어트나 식이요법을 하는 사람은 유의하는게 좋다.

지금도 종로구 통인시장에서는 위에 서술된 기름에 떡과 소스만

넣고 볶는 떡볶이를 판다. 맛은 간장 맛과 매운맛, 그러나 동네 토박이에 따르면 몇 번 방송에 나면서 유명해지긴 했지만 사실 주인이 여러 번 바뀐 터라 옛날 맛이 안 난다고 한다.

충청북도 제천시에서는 항목에도 있지만 좀 다른 형태로 팔고 있다. 기본적으로는 굵은 가래떡과 넓적한 어묵을 나무젓가락에 꿴 후 육수에 익혀 양념 국물을 얹은 후 고추장을 바르고 파를 썰어 올린 형태, 흔히 생각하는 형태의 떡볶이는 보통 분식집에서는 보기 어렵고 김밥천국 같은 체인점에서나 보게 된다.

조선에서 궁중요리로 간장에 채소와 볶은 떡을 버무려 먹는 간장떡볶이로 먹은 일제강점기 시절에도 있었던 요리지만 전란 등을 거치며 현대의 떡볶이로 바뀐다. 현대의 떡볶이는 6.25 전쟁 휴전 이후 완성된 형태로 남한 한정 요리이다. 북한에는 떡볶이를 아는 사람 자체가 거의 없다. 그 대신 길거리 음식으로 남한의 떡볶이급 지위를 가진 음식은 두부밥, 싼 가래떡에 고추장 양념, 물과 은근한 불만 있으면 되기 때문에 값이 저렴하여 돈 없는 학생들의 주된 간식이다.

고추장 떡볶이는 신당동 떡볶이집으로 유명한 마복림 할머니가 만들었다. 관련 일화를 보면 6.25 전쟁 휴전 직후인 1953년도 중국집 개업식에 참석했다. 실수로 짜장면에 떡을 빠뜨렸는데, 춘장이 묻은

떡이 의외로 맛이 좋아 고추장 떡볶이를 생각하게 됐고, 같은 해 신당동에서 노점상으로 떡볶이 장사를 시작하면서 탄생했다. 처음에는 연탄불 위에 양은 냄비를 올려놓고, 떡과 야채, 고추장, 춘장 등을 버무려 팔았다. 그러다가 지금의 떡볶이 형태로 바뀌고 어느날 여학생이 라면을 사들고 와서 같이 끓여달라고 요청한 것이 시초가 되어 라면 등의 각종 사리를 팔기 시작하였다.

70년대 초반까지는 신당동만의 명물이었으나 당시 임국희의 여성 살롱이라는 인기 라디오 방송에 소개되면서 전국적으로 떡볶이집이 생겨나기 시작했다.

2) 즉석떡볶이의 새로운 변신 무한리필·DIY·카페형 프랜차이즈

즉석떡볶이의 매력은 다양한 식재료를 조합해 보글보글 끓이면서 먹는 재미에 있다. 2000년대 초반 시작된 아딸과 죠스떡볶이, 국대떡볶이와 같은 일반떡볶이 프랜차이즈와는 달리 즉석떡볶이 시장은 프랜차이즈 사업이 전개되기 시작해 아직 대표적인 브랜드가 손에 꼽힐 정도다.

(1) 외식시장의 스테디셀러 아이템, 떡볶이

떡볶이는 매콤달콤한 맛으로 우리나라 사람이라면 누구나 좋아하는 국민간식이다. 조선시대 이전부터 간장을 기반으로 한 궁중떡볶이가 있었지만 떡볶이가 대중화 된 것은 한국전쟁 이후부터다.

1953년 마복림 할머니가 신당동 골목에서 춘장과 고추장을 섞어 떡에 범벅으로 팔던 것이 고추장 떡볶이의 시초다. 1960년대 고춧가루를 넣은 고추장 양념의 떡볶이가 대중화 됐고, 1970년대에 신당동 즉석 떡볶이가 유명세를 탔다.

분식집에서 팔던 떡볶이는 2000년대 초반 프랜차이즈화 바람이 불면서 아딸이 시장에 집입했고 이후 2000년대 중반부터 죠스떡볶이, 국대떡볶이 등 프랜차이즈가 붐을 이뤘다. 이후에는 '동대문 엽기떡볶이', '신전떡볶이' 등 매운 맛을 내세운 후발주자들이 새로운 맛과 콘셉트로 뒤따르기 시작했다.

이미 레드오션으로 경쟁이 치열해진 떡볶이 프랜차이즈 시장에서 즉석떡볶이가 차별화된 아이템으로 주목 받은 것은 최근의 일이다. 떡볶이 푸드트럭을 운영하던 두끼떡볶이 대표가 새로운 사업 아이템으로 즉석떡볶이의 가능성을 엿보면서 시작되었다.

앞서 진출한 떡볶이 프랜차이즈들과 경쟁하기보다 대표적 프랜차이즈가 없었던 즉석떡볶이 시장을 개척하기로 마음먹고 2014년 12

월 무한리필 뷔페형 콘셉트의 '두끼떡볶이'를 오픈한 것이다. 이후 복고풍 콘셉트의 청년다방, 레드썬, 빨간망토, 님도셰프 등의 브랜드가 잇따라 론칭되면서 즉석떡볶이 FC시장을 넓혀나갔다.

(2) 떡볶이 중에서도 왜 즉석떡볶이인가?

즉석떡볶이는 일반떡볶이와 먹는 방식부터 차별화된다. 각종 재료가 든 냄비를 테이블에서 직접 끓이면서 먹는데 어떤 재료가 들어갔는지 눈으로 확인한 다음 익어가는 과정을 지켜보는 재미가 쏠쏠하다. 국물떡볶이처럼 먹을 수도 있고 점점 조려가며 만두, 쫄면, 라면, 삶은 달걀, 치즈 등을 즉석에서 추가해 먹을 수 있다. 또 건더기를 다 먹고 나면 국물에 밥을 넣어 볶음밥을 만들기도 한다.

30대 이상이라면 학교 앞 분식집에서 친구들과 모여 앉아 즐겁게 먹던 추억의 즉석떡볶이가 떠오를 것이다. 일반떡볶이는 빠른 시간에 간단히 한끼를 때우는 분식 개념이지만 즉석떡볶이는 냄비째 끓여먹으면서 여러 사람이 함께 나눠 먹는 전골 요리기도 하다. 즉석떡볶이 프랜차이즈는 이런 특징들을 업그레이드 시켜 새로운 즉석떡볶이를 선보였다.

우선 해물모양떡, 오색수제비떡, 치즈떡 등 떡의 종류와 방울순대, 소시지, 수제튀김, 스파게티면, 쌀국수면, 납작당면 등 사리를 10여

종류 이상으로 다양화시켰다. 소스는 고추장, 짜장소스 외에 크림소스, 간장소스, 짬뽕소스, 불꽃소스 등 기본적으로 8가지를 제공한다.

일반적으로 분식집보다 여러 사람이 모이는 즐거운 외식공간이라는 개념을 도입해 패밀리레스토랑, 북 유럽풍, 복고풍 카페 인테리어로 여성고객, 가족 단위 고객들을 사로잡았다.

(3) 즉석떡볶이는 무한리필이 대세

즉석떡볶이 프랜차이즈는 무한리필 방식을 도입해 여러 사람이 와서 배불리 먹을 수 있는 가성비 높은 메뉴로 즉석떡볶이를 탈바꿈시켰다. 주머니 사정이 가벼운 초·중·고 학생들과 대학생을 중심으로 인기를 끌면서 부담없이 즐길 수 있는 메뉴가 됐다.

고객이 계속 먹기 때문에 원재료비가 높아 손해가 날 것 같지만 수익 측면에서는 오히려 남는 장사라는게 업체들의 설명이다. 고객들이 직접 가져다 먹는 셀프바 방식을 도입해 인력운영비를 줄였다. 젊은 층은 식재료 수급과 가격이 안정적인 떡, 어묵, 소시지 등을 선호하기 때문에 프랜차이즈들은 공급 단가를 낮추는 등 식재료유통 노하우를 발휘해서 사업을 진행하고 있다.

두끼떡볶이의 대표는 "무한리필이라고 하지만 고객들이 일정량 이상은 먹지 않고 떡, 면사리, 볶음밥 등 단가가 낮은 재료를 많이 먹기 때문에 수익이 나는 구조다"라고 설명한다.

또 치즈토핑, 사이드메뉴 판매로 객단가를 올리고 커피류와 주류를 찾는 여성고객, 주부층 30대 이상의 고객의 회식, 모임장소로 경쟁력이 충분하다.

3) 프리미엄 분식 카페, 떠오르는 떡볶이 트렌드

'청년다방'은 분식과 카페를 접목한 프리미엄 분식 카페로, 다양한 토핑을 올린 떡볶이와 커피, 주류를 함께 판매하는 3 in 1 매장 운영법을 도입했다. 색다른 메뉴 구성과 B급 감성이 돋보이는 인테리어로 젊은 소비자층에게 어필하는 것은 물론 차돌박이를 넣은 차돌떡볶이와 생물 오징어 튀김을 그대로 올려주는 통큰오짱 떡볶이를 선보여 즉석떡볶이계의 프리미엄 바람을 불러일으켰다.

(1) 감성을 자극하는 B급 복고풍 콘셉트

청년다방은 복고풍 마케팅으로 별다른 홍보 없이 고객들에게 각인된 케이스다. 매장 외관부터 '다방'이라는 이름과 촌스러운 글씨체가 잘 어우러져 어디서도 본 적 없는 청년다방만의 B급 분위기가 풍겨져 나온다.

매장 내부도 7080세대에게 익숙한 포스터 액자와 촌스러운 캐릭터로 꾸며 유머러스한 즐거움을 준다. 벽면에 부착된 '인생은 짧고 떡볶이는 길고', '명품떡볶이 루이비떡'과 같은 카피의 익살스러움이 젊은 층에게도 신선하게 다가온다. 촌스럽다고는 하지만 깔끔하고 현대적인 인테리어를 적용해 청년들에게는 들어가고 싶은 호기심을 , 중장년층에는 향수를 자극한다.

청년다방의 톡톡튀는 아이디어는 나이든 장년층도 언제나 청년처럼 살 수 있다는 대표로부터 나온 것이다. 맛과 개성, 젊음과 열정이 넘쳐나는 공간으로 청년다방을 꾸미고 싶다는 생각을 브랜드명과 콘셉트에 담아서 어떤 고객층이든 쉽게 방문할 수 있는 프리미엄 분식카페로 만들었다.

(2) 보는 즐거움 더하는 프리미엄 떡볶이

청년다방 즉석떡볶이의 가장 큰 특징은 30cm 길이의 떡볶이 떡을 자르지 않고 제공하여 즉석에서 잘라 먹도록 해 시선을 잡아끈다. 기존 떡볶이보다 약간 굵은 밀떡으로 쫀득한 식감에 먹을 때 가래떡처럼 입으로 잘라 먹거나 가위로 잘라 먹도록 했다. 인스타그램이나 페이스북에서는 이미 청년다방 떡볶이 떡을 냄비 위로 길게 들어 올려 가위로 자르는 영상이 화제가 되기도 했다.

통큰오짱 떡볶이는 오징어 한 마리를 통째로 튀겨서 떡볶이 냄비 위에 그대로 올린 채 끓여 먹는다. 오징어 다리부분을 마치 꽃술처럼 꼽고 몸통부분을 링처럼 칼집을 내서 튀겨 고객의 시선을 단번에 사로잡는다.

오징어 튀김은 냉동완제품이 아니라 원양산 오징어를 본사에서 공급받아 매장에서 손질한 뒤 튀김가루를 입혀 직접 튀겨낸다. 점주 입장에서는 손질이 번거로울 수 있지만 프리미엄 떡볶이를 찾는 고객들의 반응이 좋기 때문에 즉석에서 바삭하게 튀겨내고 있다.

호주산 차돌양지살을 넣은 차돌떡볶이는 중간사이즈(2~3)가 1만 4000원, 큰사이즈(3~4인분)는 1만 7000원으로 다소 비싸다고 느낄 수 있지만 고급화된 고객들의 입맛에 맞게 요리 개념으로 제공, 국물이 고소하고 부드러워 인기메뉴로 등극했다.

각 가맹점에는 가격대가 다소 부담스러운 차돌박이를 따로 구입할 필요 없이 본사에서 대량 주문해 식재 원가를 낮추고 철저한 품질관리를 거친 차돌양지살을 넣으면 된다.

(3) 분식점+카페+주점 3 in 1 운영전략

청년다방은 즉석떡볶이와 커피류, 주류를 함께 판매하는 전략으로 고객층을 넓혔다. 커피류는 식사를 마친 고객들이 다른 카페를 찾을 필요 없이 그 자리에서 후식을 즐길 수 있게 해 매출을 높였다. 별도의 테이크아웃 주문이 가능해서 출퇴근 시간 매출 대비 10% 정도를 차지한다. 커피 메뉴는 아메리카노, 카페라떼 등 간단하게 만들 수 있는 메뉴 4종으로 별도의 바리스타 교육을 받지 않아도 본사가 실시하는 교육을 이수하면 만들 수 있다. 청포도 에이드 같은 음료류도 본사에서 원액을 제공하기 때문에 매장에서 쉽게 제조가 가능하다. 주류는 크림생맥주와 과일맛 맥주, 소주, 청하 등 비교적 다양하게 준비되어 있다. 저녁 식사로 떡볶이를 먹으며 가볍게 한잔 하거나 가족 단위 고객의 경우 아이들은 음료, 어른들은 주류를 시켜 떡볶이와 즐긴다. 낮 시간대에도 떡볶이를 먹으며 가볍게 한잔 하려는 고객도 늘고 있는 추세다.

주요 메뉴 경쟁력을 보면 프리미엄 메뉴를 찾는 고정 고객층의 니즈를 충족했고, 간식, 일품요리, 안주로도 손색없는 메뉴이며, 토핑 추가로 객단가를 올렸다. 그리고 다양한 식사류로 점심메뉴를 보강하였다.

또한 운영 경쟁력으로는 분식점, 카페, 주류를 함께 판매해 고객의 다양성을 확보했고, 입지 조건에 따른 탄력적 운영시간과 복고풍 콘셉트로 독특함을 원하는 젊은이들과 향수를 찾는 높은 연령대 모두 이용한다는 점이고, 동종 업계 대비 소자본 창업이 가능한 점을 들 수 있다.

이 브랜드의 론칭은 2005년 4월에 했으며 매장수는 106개(2017년 5월 기준)로 대표메뉴는 통큰오짱 떡볶이(中)1만3500원, (大)1만6500원, 차돌떡볶이(中)1만4000원, (大)1만7000원 이다. 창업비용은 1억 원 내외(66㎡, 20평 기준)이며 전화는 1666-4693, www.youngdabang.com 이다.

2. 떡볶이 브랜드의 장점과 운영 요소

1) 떡볶이 메뉴의 장점

떡볶이가 인기를 얻고 있는 것은 바로 불황 때문이다. 물론 경기가 좋을 때도 나쁠 때도 꾸준히 인기가 있는 메뉴이지만, 불황때 더 많은 사람이 찾을 수밖에 없기 때문이다. 최근에는 떡볶이 브랜드가 점점 더 많아지면서 과열경쟁의 양상을 띠고 있다. 떡볶이는 출발 자체가 저가이기 때문에 앞으로도 꾸준히 많이 찾을 것이다. 그 안에서 어떻게 유행을 하는지를 적절하게 캐치해 나가는 것이 떡볶이 브랜드 운영에 꼭 필요하다.

떡볶이 역시 다른 유행 아이템과 마찬가지로 그 스타일이 끊임없이 바뀐다. 오래 전에는 떡볶이는 무조건 밀떡이었지만 국가정책으로 인해 한동안은 쌀떡이 유행했다.

그리고 최근에는 다시 밀떡이 큰 인기를 얻고 있어 몇 개 남지 않은 공장에서 그 수요를 대기 어려울 정도다. 떡볶이뿐만 아니라 국물 역시 끊임없이 변한다. 걸쭉한 떡볶이에서 떠먹어도 되는 국물떡볶이로 변했고, 아직까지도 국물떡볶이가 매우 높은 인기를 얻고 있다. 앞으로도 떡볶이는 다른 방향으로 또 다시 변하게 될 것이다. 유행을 주시하면서 그에 따라 개발해 나갈 수 있는 센스가 필요하다.

온라인 떡볶이 브랜드가 점점 더 많아지고 있다. 오프라인보다 온라인으로 떡볶이를 판매하는 것은 더 어렵다고 생각할 수 있지만, 사실 온라인이 더 쉽다. 오프라인 매장을 운영하기 위해서는 큰 투자가 필요하지만, 온라인 제품은 상품 개발만 이뤄지면 되기 때문이다. 온라인 상품을 만들 때는 유통기한에 대해 먼저 생각하고 유통 과정에서 변질되거나 맛이 떨어질 수 있는 부분을 어떻게 보완해야 하는지에 대해 연구해야 한다. 〈추억의 초등학교 떡볶이〉는 이러한 부분을 보완해 냉동 형태로 떡볶이를 유통하면서 최적의 맛을 유지할 수 있도록 돕고 있다.

2) 떡볶이 매장의 운영 요소

주방은 물과 불을 만지는 일이기 때문에 항상 주의를 해야 한다. 하는 일은 직원이나 아르바이트생 모두 어렵지 않지만 화상의 위험이 늘 있기 때문이다.

이를 위해 아르바이트생이나 직원 등을 고용할 때는 다소 비용이 들더라도 제대로 관리를 해야 더 안전하고 열심히 일할 수 있다. 또 아르바이트생들의 경우, 그 친구들이 매장의 주 고객이라는 것을 잊지 말아야 한다. 괜히 껄끄러운 관계가 되면 직접적으로 매장에 영향을 줄 수 있기 때문이다. 이는 비단 아르바이트생 친구들뿐만 아니라 모든 고객과도 관련이 있다.

우리나라 떡볶이 프랜차이즈 브랜드의 문제점으로 다른 프랜차이즈 브랜드와 마찬가지로 너무 빨리 그만 두는 것이 가장 큰 문제다. 우리나라는 프랜차이즈 주기가 2~3년이면 끝나는데 그 이유는 목표한 대로의 수익률에 만족할 수 없기 때문이다. 4~5년 정도는 매장을 운영해야 본전이 나올 수 있는데 힘들기 때문에 그만 두게 된다는 것이 가장 큰 문제다.

3) 떡볶이의 숨은 매력

제일 좋아하는 음식을 꼽으라고 하면 언제나 첫 번째로 꼽혔던 떡볶이. 즉석 떡볶이의 종류는 점점 다양해지고 있다. 그리고 사이드 메뉴는 저렴하면서도 알찬 한 끼 식사로도 손색이 없다.

떡볶이 브랜드를 이끌어가는 사람들이 공통적으로 한 말이 있다. 바로 불황 때도 호황 때도 매출 변동이 없는 아이템이라는 것이다. 경기가 좋으면 좋은대로, 나쁘면 나쁜 대로 잘 팔리는 떡볶이야말로 진정한 서민의 음식이다. 어쩌면 떡볶이는 서민의 음식이 아닌 '가족의 음식'일 것이다. 초등학생부터 할머니, 할아버지까지 모두가 즐겁게 먹을 수 있기 때문이다.

동네 길거리 떡볶이부터 1인당 1만원을 훌쩍 뛰어넘는 떡볶이까지 떡볶이의 세상은 실로 넓고 다양하다. 하지만 어디를 가도 떡볶이라는 음식이 주는 매력만큼은 다르지 않을 것이다. 맛있으면 맛있는 대로 소스맛을 즐기고, 맛없으면 아쉬운 대로 떡 맛을 즐기면 되는 것이 바로 떡볶이의 매력이다.

III

떡볶이 우수브랜드의 성공전략

1. 리딩 브랜드의 스테디셀러 전략

1) 대한민국 대표 떡볶이계의 스테디셀러 〈동대문엽기떡볶이〉

(1) 눈물나지만 잊을 수 없는 매운 떡볶이

처음 〈동대문엽기떡볶이〉를 접한 사람들은 그 매운 맛에 깜짝 놀란다. 하지만 매우면서도 자꾸 끌리는 그 맛에 묘한 매력을 느끼고 어느새 두 번, 세 번 찾게 되면서 단골이 되고 만다. 중독될 수밖에 없는 맛, 이것이 바로 〈동대문엽기떡볶이〉가 지금의 성공을 이룰 수 있는 밑바탕이 되었다. 엽기떡볶이라는 이름은 손님이 지어 주었다고 한다. 엽기적으로 맵다고 말한데서 이름을 짓게 됐는데, 처음에는 '엽기' 라는 단어가 조금은 부담스럽기도 했는데, 떡볶이와 연결되기도 하고 메뉴에서 느껴지는 친근함 때문에 좋은 느낌을 갖게 된 것 같다고 한다.

맛도 있지만 넉넉한 서비스 역시 〈동대문엽기떡볶이〉가 인기 있는 비결중 하나다. 2~4명이 먹기에도 넉넉한 양을 가지고 있으며, 세트로 먹으면 더욱 푸짐하게 먹을 수 있다. 배달 시에도 주문하기에 좋은 세트들이 구성되어 있다. 또한 매운 맛을 더 감칠맛 나게 하는 치즈를 아끼지 않고 사용하기 때문에 치즈의 고소한 맛과 어우러져 떡볶이를 더 맛있게 먹을 수 있다. 〈동대문엽기떡볶이〉가 인기를 얻으면서 수많은 유사브랜드들이 생겼다. 메뉴구성까지 모두 따라하고 있지만 엽떡만의 개성은 따라오지 못하고 있다. 이것이 바로 〈동대문엽기떡볶이〉의 가장 큰 장점이기 때문이다.

(2) 떡볶이부터 닭발까지, 다양한 메뉴

떡볶이가 메인이기 때문에 다른 메뉴가 그 힘을 다하지는 못하고 있지만, 〈동대문엽기떡볶이〉는 다양한 메뉴군을 갖고 있다. 엽기메뉴에는 엽기떡볶이, 엽기오뎅, 엽기닭볶음, 참숯메뉴와 볶음참숯메뉴에는 닭발, 닭날개, 오돌뼈, 불똥집과 돼지석쇠불고기까지 다양한 메뉴가 구성돼 있다. 떡볶이를 덜 좋아하는 중장년층에게 좋은 메뉴가 된다. 그래서 초기에 시작한 떡볶이와 닭발 외에도 다양한 메뉴를 추가했다. 식사는 물론 안주에도 좋은 메뉴들로 구성돼 있기 때문에 꾸준한 인기를 얻고 있다. 다양한 메뉴가 구비돼 있지만 조리가 간편하기 때문에 부부창업을 하는 점주라면 브랜드의 특성에도 잘 어울린다. 또 홀 운영과 배달 판매를 함에 있어 고객은 물론 점주들에게도 추가 매출이 가능해 점주들로부터 만족도도 높다. 주로 〈동대문엽기떡볶이〉의 맛에 반해 시작한 점주들 때문에 브랜드 로열티도 강해 오랫동안 매장을 운영하고 있다는 특징 중 하나다. 주로 아내가 남편을 설득하면서 가맹점을 오픈하고 있다. 정말 맛있으니 해보자고 원유를 하면서 남편들도 먹게되고 그 맛에 반하고 함께 〈동대문엽기떡볶이〉의 팬이자 점주가 되는거다.

(3) 아웃팩으로 1인가구부터 가족까지

최근에는 테이크아웃팩을 출시하기도 했다. 꾸준한 고객의 요청이 있었기 때문이다. 집에서 편하게 조리해 먹을 수 있는 팩은 〈동대문엽기떡볶이〉 역시 오랫동안 고민해 온 부분이기도 했다. 그동안은 〈동대문엽기떡볶이〉의 메뉴가 생각나더라도 혼자라서, 근처에 매장이 없어서 먹을 수 없는 경우가 있었다.

특히 1인분을 팔지 않기 때문에 혼자인 경우는 부담스러워서 아쉬움이 많았다. 언제 어디서나 심지어 캠핑, 여행 등을 떠났을 때도 〈동대문엽기떡볶이〉를 마음껏 즐길 수 있다면 좋겠다는 생각을 했다고 한다.

테이크아웃팩을 만들었지만 엽떡만의 매운 맛은 변함이 없다. 직접 매장에서 먹어도 배달시켜 먹어도 테이크아웃해서 먹어도 같은 맛을 느낄 수 있기 때문에 고객의 입장에서는 먹을 수 있는 방법에 선택의 폭이 하나 늘어난 것이다.

매장에서도 온라인에서도 판매하기 때문에 점주 입장에서는 추가 매출이 가능하다는 것도 장점이다. 대한민국 대표 떡볶이로 자리잡은 〈동대문엽기떡볶이〉는 말 그대로 언제 어디서나 즐길 수 있는 아이템이 되었다. 힘들고 지칠 때 입맛을 확 돋우는 맵지만 매력적인 맛의 '엽떡'은 앞으로도 오래오래 많은 소비자들의 스테디푸드가 될 것이다.

불닭발동대문엽기떡볶이는 단순히 매운맛만을 강조하는 것이 아닌 오랜 노하우가 담긴 스페셜 소스가 빚어낸 특별한 떡볶이 프랜차이즈이다. 2015년 12월을 기준으로 12개의 직영점과 236개의 가맹점을 포함해 248개의 매장을 운영중이다.

2005년부터 가맹사업을 시작했고 가맹본부의 매출액은 2015년 기준 36,170,144,000원에 이르며 임직원 수는 34명이다.

동대문엽기떡볶이는 가맹점의 성공과 지원을 최고의 목표로 책임경영을 실천한다. 앞으로도 가맹점의 활발한 매장운영을 위해 브랜드의 가치와 신뢰도를 높여 상생경영을 이루는 것이 경영자의 철칙이다.

다른 떡볶이와는 다른 맛과 메뉴구성으로 차별화를 주며 맛은 그냥 매운 음식이 아닌 맛있는 매운맛과 매운맛을 잡아주는 치즈의 조화로 한번 먹어보면 잊을 수 없는 맛이다. 또한 떡볶이 판매점에서 떡볶이뿐만 아니라 참숯메뉴를 즐길 수 있는 메뉴구성은 엽기떡볶이

만의 독특한 메뉴구성이다. 매운 음식이 생각 날 때 언제 어디서든 방문 및 포장, 배달을 통해서 쉽게 접근할 수 있다는 장점이 있다.

배달이 가능하기에 크게 상권과 입지에 영향을 받지 않는다. 그러나 유동인구가 많지만 흘러가는 상권이 아닌 주거지역이 분포되어 있고 고정인구가 많은 저수지(항아리) 상권이 유리하다. 추가로 유동인구가 많아도 소비가 이루어지는 상권일 경우 좋은 입지라 할 수 있다.

핵심 성공요인은 조리 매뉴얼 준수이다. 맛과 품질이 유지되어야 엽기떡볶이라는 브랜드의 브랜드 통일성을 유지할 수 있다. 브랜드 통일성이 유지되면 이미지가 상승하고 이에 따라 브랜드파워가 올라가기 때문에 전 매장이 함께 성공할 수 있는 기틀이 된다.

개설 전 조리교육과 서비스 교육을 하고 개설을 하기 전까지 점포 개설에 전반적인 사항에 도움을 주고 있다. 점포 개설 이후 전단지 및 POP를 지원해주며 한 달간의 이벤트를 진행할 수 있도록 도움을 준다.

또한 외부적으로는 슈퍼바이징을 통한 지속적 매장관리와 1년간 인테리어 무상 A/S를 해주며 내부적으로는 매장의 매출 증대 방안과 좋은 품질의 식자재에 대한 구매비용 절감을 위해 노력하고 있다.

〈표9〉 동대문엽기떡볶이 가맹내역

(2015년 기준)

가맹사업연도	2005
업종	기타외식
임직원 수(명)	34
총자산(천 원)	6,880,660
가맹점 수(당해)(개)	236
직영점 수(당해)(개)	12
가맹본부매출액(당해)(천 원)	36,170,144
가맹본부매출액(전해)(천 원)	23,136,456
가맹점 평균 매출액(천 원)	401,576
서울지역 가맹점 평균매출액 (천 원)	434,220
가맹점 부담금 (천 원)	56,540
경상이익(당해)(천 원)	6,451,875
경상이익(전해)(천 원)	3,419,233
부채총액(천 원)	4,485,259
자본총액천 원)	2,395,401

2) 소스와 퓨전으로 만드는 떡볶이 〈석관동 떡볶이〉

(1) 호텔 레스토랑에서 시작된 떡볶이

호텔업을 하면서 외식업에 관심이 많았던 이곳 대표는 평소에 좋아했던 떡볶이를 제대로 만들어 보기로 했다. 그런데 테스트로 운영했던 호텔 내 떡볶이 매장이 높은 인기를 끌기 시작했다. 호텔과 떡볶이라는 다소 어색한 조합이었지만 맛만큼은 호텔수준을 능가했던 것이다. 이렇게 맛에 대한 검증을 제대로 받은 후 〈석관동떡볶이〉는 온라인 시장에서 다시 한번 인기를 확인했다. 좋은 재료를 사용해서 만들었다는 것을 고객이 먼저 알았던 것이다.

광고도 없이 좋은 반응을 얻으면서 할 수 있다는 자신감을 가지게 되니 사업진척도 점점 더 빨라지기 시작했다. 호텔과 온라인에서 연이어 좋은 반응을 얻은 이곳 대표는 오프라인 진출을 생각했다. 그러나 기존에 있는 저렴한 메뉴, 저렴한 분위기로 하고 싶지는 않았다.

이탈리아 레스토랑 같은 분위기에서 떡볶이를 먹을 수 있다면 좋겠다는 생각이 들었다. 맛과 분위기 모두 다른 브랜드와 차별화되면 충분히 시장성도 있을 것이라고 생각한 것이다.

(2) 맛과 분위기는 고급스럽게, 가격은 저렴하게

고급스러운 분위기에서 고급스러운 맛을 제공하지만 가격은 저렴하게 하겠다는 〈석관동떡볶이〉의 시도는 처음부터 성공했다. 게다가 인테리어 사업을 15년 이상 해온 베테랑이기 때문에 고급스러운 인테리어라고 해도 오히려 다른 브랜드보다 퀄리티는 높고 비용은 저렴했다. 맛과 분위기에 모두 자신감을 가지고 시작할 수 있게 됐고, 그때그때 직접 만들어서 메뉴를 제공하기 때문에 고객에게도 금방 인정받을 수 있었다.

현재 호텔사업을 하고 있기 때문에 기존 사업에 피해가 가면 안된다고 생각하여 더 최선을 다했고 좋은 결과를 얻을 수 있었다. 저렴한 가격이지만 그때그때 만들면서 최고의 맛을 제공하겠다는 목표도 이룰 수 있었다.

가맹점 오픈에 수익구조를 두지 않기 때문에 〈석관동떡볶이〉는 가맹점 오픈에 본사의 사활을 걸지 않는다. 오히려 창업을 하고 싶어하는 예비 점주들에게 신중하게 결정하라고 조언한다. 그 매장이 성공할 수 있을지 확신할 수 없다면 가맹점을 내줄 수 없다. 그렇지만 초반에는 직영점으로 스타 매장을 많이 유지해야 한다고 생각하고 신중하게 가맹점을 오픈했기 때문에 현재 가맹점들은 무권리 가맹점이 많이 있다.

이중 노량진점이나 왕십리점은 무권리 가맹점이다. 특히 노량진점이나 왕십리점 등은 무권리로 오픈해서 높은 매출을 자랑하고 있어 매우 뿌듯하다. 앞으로도 비용이 들어가는 좋은 상권의 매장보다는 저렴한 비용으로 들어갈 수 있는 곳을 찾으려고 노력중이다.

(3) 어려움도 이겨낼 수 있는 정성과 맛

〈석관동떡볶이〉의 신메뉴 출시 시기는 그때그때 다르다. 필요하다고 생각하면 신메뉴를 출시하는데, 지금까지는 출시된 신메뉴들이 좋은 반응을 보이고 있다. 현재 시장에 없는 메뉴를 만들기 위해 노력하고 있다. 다양한 양식과 접목을 시키면서 여러 가지 연구를 꾸준히 하고 있다.

이러한 노력 때문인지 유난히 힘들었다고 말하는 2015년에도 〈석관동떡볶이〉는 별로 힘들지 않았다. 심지어 메르스 한파라고 불리던 시절에도 매출이 전혀 떨어지지 않았을 정도다.

〈석관동떡볶이〉는 주문할 때마다 떡볶이를 만들어서 고객들에게 제공한다. 손이 더 많이 갈 수 밖에 없지만 그렇게 해야 성공한다고 믿고 있기 때문에 수많은 떡볶이 브랜드 중 지금의 자리를 차지할 수 있었다.

마치 우리나라의 김치처럼 따로는 숙성이 안되지만, 재료를 함께 버무리면 숙성으로 우수한 맛을 자랑하는 〈석관동떡볶이〉의 앞날은 더욱 빛나고 깊은 맛을 지니고 있다.

3) 입소문으로만 성장하는 진짜 떡볶이 맛집 〈버무리떡볶이〉

(1) 〈불난집〉에서 〈버무리떡볶이〉까지

〈버무리떡볶이〉의 가장 큰 장점은 광고를 전혀 하지 않고 입소문만으로 지금까지 매장을 확대했다는 점이다. 실제로 운영을 하는 점주들이 지인에게 추천하면서 꾸준히 가맹점이 늘어났다 〈버무리떡볶이〉의 소스가 가장 큰 자랑이다.

천연재료를 갈아서 쓰는 데다가 직접 대표가 만들고 있는 소스로 떡볶이를 만들다 보니 고객들이 그 맛을 먼저 알아준다. 덕분에 다른 유명 떡볶이 브랜드에서 소스를 모방하기도 했다. 사실 가맹점이 몇 백 개씩 되는 대형 브랜드는 소스의 희소성이 없다.

쓰려고만 하면 얼마든지 알아낼 수 있기 때문이다. 하지만 이 브랜드는 본사에서 직접 소스를 만들고 있기 때문에 유출도 있을 수가 없다. 그만큼 이 곳만의 맛을 지켜나갈 수 있는 것이다.

방송에서 동네 떡볶이 랭킹 1위를 하기도 했던 길음동 〈불난집〉은 〈버무리떡볶이〉의 원조 가맹점이라고 할 수 있다. 처음에는 〈불난집〉은 예나 지금이나 〈버무리떡볶이〉와 같은 소스를 쓰면서 꾸준히 동네 맛집의 명성을 자랑하고 있다.

(2) 10대부터 50대까지, 누구나 맛있게 먹는 떡볶이

〈버무리떡볶이〉의 떡볶이와 튀김은 같이 먹는게 제일 맛있는데, 튀김의 느끼함을 소스로 없앨 수 있기 때문이다. 게다가 매운 떡볶이와 순한 떡볶이 두 가지가 있어서 초등학생부터 중장년층까지 어떤 고객이라도 부담을 느끼지 않고 방문할 수 있다.

특히 임대료 등이 저렴한 주택 상권에서도 충분히 경쟁력이 있기 때문에 예산이 적어도 창업할 수 있다는 것 역시 〈버무리떡볶이〉가 가진 매력중 하나다. '분식은 끼니보다는 간식에 가깝지만 다양한 메뉴를 만들어서 선택의 폭을 넓혔다.

떡볶이나 튀김 외에도 주먹밥, 쫄면, 우동 등이 있기 때문에 주택가에서도 인기가 높다. 공장을 가지고 있던 만큼 떡에 대한 지식과 퀄리티도 상당하다. 인기 많은 밀떡은 회전율이 좋으면 괜찮지만 오래두면 퍼지기 때문에 컴플레인이 적지 않다.

맛을 위해서는 퍼진 떡은 버려야 하기 때문이다. 이를 줄이기 위해 〈버무리떡볶이〉에서는 밀떡같은 쌀떡을 만들기 위해 노력했다. 현재 쌀떡이지만 밀떡같은 느낌의 떡을 만들어 내고 있다. 실제로 대부분의 고객들이 밀떡인줄 알고 먹고 있을 정도이다.

직접 제작한 떡볶이 조리 역시 수증기를 이용해 떡이 덜 퍼지게 하는 기능도 가지고 있어 고객을 더욱 배려했다.

(3) 그의 목표, 손님들의 맛있어 하는 것

〈버무리떡볶이〉는 점주의 부담을 줄이기 위해 로열티를 받지 않고 있다. 인테리어도 세 번째 버전으로 진행하고 있지만 강제적으로 요구한 적은 한번도 없다. 기존 떡볶이 전문점에서 많이 쓰는 레드를 벗어나고 좀 더 새로운 디자인을 위해 디자인팀은 일본 등 해외를 다니면서 좀 더 참신한 분위기로 고객을 만나기 위해서도 노력하고 있다.

수도권 물류를 본사 직원들이 직접 하고 있다는 것도 특징 중 하나다. 물류를 배달할 때 업체를 이용하면 불만족스러워 하는 점주들이 많다. 하지만 본사 직원들이 직접 하다 보니까 더 신중하고 조심스럽게 하게 된다. 또 자주 보게 되니까 더 친해지고 힘든 점, 어려운 점도 스스럼없이 말하게 돼서 본사와 가맹점 모두에게 많은 도움이 되고 있다.

다른 브랜드들은 높은 매출, 많은 가맹점, 해외진출 등을 목표로 하지만 〈버무리떡볶이〉는 손님들이 맛있어 하는 것으로 충분하다.

앞으로도 맛에 대해 더 많이 노력하고 연구하면서 보다 많은 사람들이 맛있고 안전하게 먹을 수 있는 음식을 접할 수 있도록 노력할 예정이다.

4) 4가지 떡과 다양한 소스로 고객을 이끄는 〈크레이지떡〉

(1) 7~10일 교육이면 주방 업무는 OK

2007년 〈크레이지떡〉이라는 즉석떡볶이 브랜드를 만들었을때는 매우 파격적이었다. 2인분이기는 하지만 떡볶이 가격이 1만원이 넘는다는 것도 당시에는 작지 않는 충격이었기 때문이다. 하지만 기대 이상으로 많은 고객이 찾았다. 그 이유는 바로 뛰어난 맛과 우수한 식재료를 쓰기 때문이었다.

모든 소스와 식자재를 본사에서 직접 공급하고 있는데, 자체 공장을 갖고 있어 신속하고 편리하게 이용할 수 있다. 그래서 점주가 요식업에 종사한 경험이 없어도 쉽게 운영할 수 있어 점주들이 가지게 되는 부담을 최소화하고 있다. 분식을 할 때 주방에 과부하가 걸리는 것은 어느 곳이나 마찬가지다.

업무 증가는 결국 점주의 부담이기 때문에 이를 줄이기 위해 〈크레이지떡〉에서는 여러 가지 노력을 기울였다. 개선에 개선을 거듭한 결과 본사에서 제공하는 7~19일 정도의 교육만 받으면 무리 없이 주방업무를 할 수 있는 시스템을 만들었다.

〈크레이지떡〉이라는 브랜드를 만들 때 가장 신경썼던 부분은 바로 관리였다. 물론 수익구조도 중요하지만 관리가 힘들다면 결국 비용이 될 수밖에 없으므로 이런 부분을 시스템화한 덕분에 주방에서는 채소 손질, 세팅, 주변정리만 하면 끝난다. 집안일을 전혀 하지 않은 분들도 할 수 있을 정도니까 이정도면 누구나 가능하다고 할 수 있다.

(2) 레드와 옐로우가 만드는 젊고 편안한 분위기

보통 떡볶이 브랜드와 달리 레드와 옐로우를 사용한 〈크레이지떡〉의 인테리어는 한눈에 들어오면서 따뜻한 느낌을 준다. 디자인에 많은 신경을 쓰고 젊은 층을 상대로 하기 때문에 레드, 옐로우, 블랙 등 원색을 쓰고 있다.

다행히 의도가 적중해서 좋은 인상을 주고 있다. 특히 작은 인테리어 하나하나에도 신경 쓰면서 고객에게 편안하게 다가가기 위해 노력하고 있다. 그리고 내부에만 매달리지 않고 2014년 8월에는 중국에도 진출했다. 현재 15개의 매장이 오픈했고, 공사 중인 매장까지 더하면 국내 매장보다 중국 매장이 많을 정도다.

우리나라와 달리 중국 매장은 고급화 전략을 추구해 로드숍이 아닌 백화점이나 쇼핑몰 등에 입점해 있다. 고급스러운 분위기를 위해 인테리어에 블랙을 많이 사용했고, 등갈비 등 메인 메뉴에 가까운 사이드 메뉴도 추가했다.

첫매장은 헤이룽장성(흑룡강 성)에서 시작했는데, 대부분의 매장이 한국보다 매출이 좋았다. 우리나라는 20~30평 정도로 매장이 일반적인데 중국은 40~70평 정도까지 되니 규모도 훨씬 크고, 중국 진출로 인해 매우 바쁘지만 그만큼 보람도 있고 많이 배우고 있다.

(3) 수익보다 일에 대한 재미와 보람 찾기

〈크레이지떡〉은 1층보다는 2층 점포를 선호한다. 테이크아웃보다는 매장을 찾는 경우가 많기 때문에 공간이 너무 좁으면 매출이 오를 수 없기 때문이다. 그래서 자체가 입소문이 많이 난 편이라 꾸준히 찾는 고객들이 적지 않다.

매장 오픈 역시 광고 등을 따로 하지 않고 점주 추천이나 매장을 보고 찾아온 사람들이 대부분이다. 광고를 하고 홍보를 하면 오픈하고 싶어 하는 사람들이 더 많다.

아무래도 입소문을 통해 찾아오는 이들은 하고자하는 의지가 강하기 때문에 오픈 후에도 더 적극적인 업무태도로 서로 만족스러울 수

밖에 없다. 앞으로도 헤쳐나가야 할 길이 멀다. 하지만 지금처럼 점주들을 배려하면서 최고의 수익을 낼 수 있도록 돕는 것을 기본으로 하며, 새로운 브랜드도 론칭해야하기 때문이다.

5) 토핑과 직화로 제대로 느끼는 불〈엉클스〉

(1) 비주얼에서 시작해 맛으로 결정된 떡볶이 맛집

〈엉클스〉의 시작은 다른 떡볶이 전문점과는 다르다. 보기만 해도 사진을 찍고 싶을 정도로 비주얼이 좋은 메뉴를 만들고 싶다는 목표가 있었기 때문이다. 2012년에 오픈을 하고 적지 않은 시간이 지나 아류 메뉴들이 많이 생겼지만, 처음 개발했을 때 독특함으로 인해 떡볶이 마니아들에게 많은 사랑을 받았다. 게다가 기존처럼 만들어 놓거나 끓여먹는 떡볶이가 아니라 불맛을 내기 때문에 더 많은 사랑을 받을 수 있었다. 떡볶이를 만드는 과정 역시 색다르다. 일단 주문이 들어오면 떡볶이에 불 맛을 내고 소스를 입힌다. 마치 중국음식을 만드는 것 같은 모습으로, 직화 떡볶이라는 새로운 맛을 낼 수 있는 방법이기도 하다.

색다른 비주얼과 맛은 자연스럽게 홍보를 불렀다. 그래서 매장이 메인 거리의 안쪽에 있어도 손님들이 찾아오는데 어려움이 없어 다소 상권이 좋지 않아도 충분히 상쇄할 수 있었다. 손님들이 자연스럽게 찾아오고 누가 시키지 않아도 입소문이 나기 때문에 자연스럽게 매출이 이어질 수 있었던 것이다. 즉 점주들 역시 이러한 부분을 굳이 느끼고 메뉴, 즉 맛만으로도 고객이 알아서 찾아온다는 것은 음식점이 넘쳐나는 요즘 같은 시기에 매우 큰 경쟁력이다. 앞으로도 지금 이상의 입소문이 날 수 있도록 더 특별하고 맛있는 토핑을 만들어갈 예정이다.

(2) 방송의 힘으로 시작된 가맹사업

〈엉클스〉가 지금의 맛집이 된 것은 방송의 힘이 컸다. 프랜차이즈를 하겠다는 목표를 처음부터 갖고 있지 않았는데, 방송에 나오면서 가맹점을 내달라는 문의가 계속 들어왔기 때문이다. 당시에는 프랜차이즈를 할 수 있는 역량을 가지고 있지 않았다. 그와 관련해 아무런 준비가 되어 있지 않았으니 연이은 창업 문의도 계속 고사했다. 하지만 얼마 후인 2013년 11월, 지금의 건대점 점주가 와서 조리법만 알려주면 창업을 하겠다고 적극적으로 나섰다. 〈엉클스〉 역시 건대점에 직영점을 오픈할 예정이었기 때문에 열정적인 점주에게 가맹점을 오픈하도록 하는 것도 괜찮겠다는 생각이 들었다. 다행이 생각은 적중해 건대점은 지금까지도 꾸준한 매출을 자랑하고 있다.

그만큼 조리가 까다로워 〈엉클스〉를 운영하는 것이 힘든 것도 있다. 모든 떡볶이를 직접 만들어야 하기 때문에 노동 강도가 꽤 익숙해지면 조금 더 쉽게 할 수 있게 된다. 인테리어 역시 매장마다 조금씩 다른 느낌을 가지고 있다. 카페였던 이전 장소를 활용해 만든 점은 조금 다르지만, 제대로 인테리어를 한 대학로점이나 홍대점을 오픈하면서도 아기자기한 분위기를 살리기 위해 노력했다.

(3) 일체가 이루는 시너지 효과

매장을 방문한 고객을 통해 중국 시안에 〈엉클스〉 매장을 오픈하기도 했고, 잠실점은 중국인 고객이 약 50%정도 되는데, 매장을 방문했던 고객 한 명이 중국에 매장 오픈을 제안해 왔던 것이다. 첫 해외 가맹점이었기 때문에 힘든 점도 많았지만, 점주와 소통이 잘 돼 어려움 없이 오픈할 수 있었다.

타이완의 타이페이는 마스터 프랜차이즈 계약을 해 매장을 오픈했으며, 앞으로도 중국의 다른 지역에도 계속해서 오픈할 예정이다. 〈엉클스〉에서는 매장을 잘 운영할 수 있는 점주 선택을 제일 중요시한다. 점주들은 가맹사업에서 가장 중요한 존재라고 생각한다. 매장이 없으면 본사도 없고 손님도 없으니까 점주와 고객 그리고 본사가 삼위일체가 되어야 원활하게 매장을 운영하고 매출도 증대시킬 수 있다고 생각하기 때문이다. 현재 〈엉클스〉는 4개의 직영점을 비롯해 17개의 매장을 운영중이다. 첫 매장을 오픈한 이후, 지금까지 꾸준히 매장을 오픈해 왔지만, 앞으로는 좀 더 많은 사람들이 〈엉클스〉의 맛을 제대로 느껴볼 수 있도록 매장을 확대해 나갈 것이다. 하지만 지금처럼 함께 자리를 찾으러 다니고 상담하는 가족 같은 사이는 변하지 않도록 항상 노력할 것이다.

6) 어른의 입맛을 사로잡은 특별한 떡볶이 〈낙지대학떡볶이꽈〉

(1) 새로운 떡볶이의 시작, 토핑국물떡볶이와 쌈싸먹는 떡볶이

떡볶이는 많은 사람들에게 식사가 아닌 간식의 개념으로 자리잡고 있다. 이는 간단한 요리 방법 때문이기도 한데, 〈낙지대학떡볶이꽈〉는 이러한 인식을 바꾸기 위해 떡볶이를 요리로 만들었다. 메인 메뉴인 '토핑 국물떡볶이'는 즉석 떡볶이를 기본으로 시작하지만 사리 그 이상인 토핑이 메뉴를 만든다. 이곳 대표는 〈낙지대학떡볶이꽈〉의 떡볶이는 즉석 떡볶이에 여러 사리를 넣는 것과는 전혀 다름을 강조한다. 토핑으로 차돌박이, 통오징어 튀김, 낙지, 주꾸미, 문어, 전복 등이 들어가는데, 떡볶이보다 더 비싼 재료라고 할 수 있으니까 떡볶이의 특성상 어떤 것과도 잘 어울리기 때문에 다양한 조합이 가능하기 때문에 론칭 초기부터 인기를 얻을 수 있었다. 또 다른 메인메뉴는 '쌈싸먹는 떡볶이' 다. 이름 그대로 쌈을 싸먹을 수 있도록 한 떡볶이인데, 얼핏보면 볶음같은 모양을 하고 있지만 그 조합은 상당히 다르다. 고급스러우면서도 특별한 맛을 내기 위해 광천김, 제주도특산물인 한라봉소스로 맛을 낸 무쌈 등이 함께하기 때문이다.

처음에는 떡볶이로 쌈을 먹는다는 것에 놀란다. 하지만 일단 먹어보면 그 맛에 반하게 된다. 매장을 방문한 손님들이 맛에 반해서 가맹점 오픈을 적극적으로 고려하는 경우도 점점 많아지고 있다.

(2) 술과 함께 즐기는 어른들의 떡볶이 낙떡

떡볶이의 가장 큰 장점은 누구에게나 부담 없는 메뉴라는 것이다. 대부분의 메뉴는 호불호가 갈리는 경우가 많은데, 떡볶이의 경우는 그렇지 않은 것이다. 그만큼 가볍게 받아들이기 때문에 시간대를 가리지 않고 고객이 방문하며, 불황에 더 강한 메뉴가 될 수 있다. 〈낙지대학떡볶이꽈〉의 경우, 떡볶이로는 아쉬워하는 분들에게 어필하는 편이다. 떡볶이도 먹고 싶고, 고기와 해물도 먹고 싶을 때 굳이 장소를 옮기지 않아도 한 자리에서 먹을 수 있으니까 별도로 홍보를 하지 않았는데 오픈했을 때부터 줄을 서서 먹을 정도로 많은 인기를 얻을 수 있었다. 〈낙지대학떡볶이꽈〉는 식사와 주점이라는 두 가지 매출 요인을 가지고 있다. 다양한 토핑으로 술안주로도 손색이 없기 때문이다. 그래서 점심때부터 늦은 밤까지 꾸준히 고객이 찾을 수 있다는 것이 가장 큰 장점이다. 〈낙지대학떡볶이꽈〉는 어른들의 떡볶이라는 컨셉으로 브랜드를 만들었다. 아무래도 술을 곁들이기 좋은 메뉴들이다. 하지만 역시 떡볶이가 메인이다 보니 아주 늦게까지 영업을 하지 않아도 된다는 장점도 있다. 이 부분은 점주들이 특별히 마음에 들어 하는 부분이기도 하다.

(3) 점주를 위한 시스템과 탄탄한 운영 노하우

들어가는 재료는 다양하지만, 본사의 원팩 시스템과 24시간 냉동 시스템으로 인해 사용과 재고관리 등 점주의 부담은 최소화하고 있다. 전문 인력 없이 본사 교육만 이수하면 운영이 가능하기 때문에 주방의 추가 인건비에 대한 부담도 덜수 있다. 또한 매장 고객 외에도 테이크아웃과 배달까지 가능하기 때문에 추가적인 매출을 올릴 수 있다는 것도 〈낙지대학떡볶이꽈〉의 매력 중 하나다. 퓨전스타일의 인테리어 역시 감각적이다. 빈티지 스타일과 스타일 칼라를 이용해 세련되면서도 따뜻한 느낌으로 늘 친근한 느낌을 준다.

〈바보스〉를 비롯해 다양한 프랜차이즈 브랜드를 운영하는 ㈜대대의 브랜드이기 때문에 각종 노하우로 점주와 매장운영에 도움을 줄 수 있다는 점도 든든하다.

〈낙지대학떡볶이과〉의 모든 식재료는 건강을 생각하면서 만든다. 메인 식자재는 발효화 과정을 거쳐서 부드러운 식감, 안전한 먹거리로 만들었기 때문에 어린이부터 어르신까지 누가 먹어도 탈 없이 안전하게 즐길 수 있다. 앞으로도 더 다양하고 맛있는 토핑을 만들어 누구나 즐겨 찾고 싶은 떡볶이 매장을 만들어 나가는 것이 이곳 브랜드의 목표다.

7) 서울 3대 즉석 떡볶이 〈애플하우스〉

(1) 서울 3대 즉석 떡볶이가 되기까지

도시에서 지내는 사람들에게 하루가 다르게 변해가는 동네의 모습은 그다지 놀랍지 않다. 어릴적 뛰어놀던 골목은 재개발로 고층빌딩이 들어선지 오래고, 좋아하는 가게 주인이 바뀌어 새로운 인테리어로 단장해버리기 일쑤다. 너무나도 빠른 변화에 익숙해지다보니 오래된 장소, 추억의 맛이 그리워진다.

최근 복고가 인기를 끄는 이유도 마찬가지일 것이다. 도심 속 삶이 답답해질 때 사람들은 자신만이 아는 오래된 장소, 맛집을 찾아간다.

지친 마음도 그곳에서는 왠지 모르게 치유되는 것 같기 때문이다. 그곳에는 멈춰버린 시간이 있다. 찾아오던 어린소년, 소녀들은 이제 한 아이의 엄마, 아빠가 됐지만 아는 것보다 모르는게 많았던 그 시절의 맛을 찾아 이곳으로 온다.

이곳 대표는 〈애플하우스〉가 향수를 찾아 추억을 맛보는 장소라고 말한다. 처음 문을 열었던 것은 30년 전이었다. 요리사였던 이곳 대표는 결혼 후 아이를 낳고 다시 안정된 직업을 찾다 분식 포장마차를 열게 된다. 떡볶이 소스를 개발하고 무침만두와 순대볶음 등 처음 만들었던 메뉴들은 지금과 크게 다르지 않다.

당시만 해도 지금처럼 먹거리가 풍부하지 않았었다. 그러다 보니 지금의 패스트푸드처럼 떡볶이가 큰 인기를 끌었다. 수업만 끝났다 하면 자리를 차지하기 위해 달려오는 친구들이 있을 정도였다. 당시만 해도 떡볶이는 최고의 간식이었다.

포장마차는 언제나 많은 학생들이 몰렸고 지금 자리의 바로 아래 층에 26.4㎡(8평)짜리 가게를 옮기게 된다. 그곳에서도 항상 많은 고객들이 몰려왔다.

대표는 시대적 흐름을 잘 탔기에 매장이 늘 평탄할 수 있었다. 〈애플하우스〉가 본격적인 입소문을 타기 시작한 것은 인터넷이 보급화 되면서 부터였다. 7~8년 전 맛집 붐이 일어나며 매일 같이 자리가 없을 정도로 많은 고객들이 몰려왔다.

그 후 서울 3대 즉석떡볶이란 타이틀을 갖게 됐고 지금까지 한결같은 자리에서 추억을 맛보러 오는 고객들을 만나고 있다.

(2) 사소한 배려가 맛집을 만든다

〈애플하우스〉에 가면 즉석떡볶이와 무침만두, 순대볶음은 꼭 먹어야 한다고 고객들은 추천한다. 30년 전부터 꾸준한 사랑을 받아왔던 메뉴들에는 이곳 대표의 배려와 정성이 가득 담겨있다.

분식이란 메뉴는 학생들의 전유물이라고도 할 수 있다. 용돈을 받아 생활하는 학생들을 위해 즉석떡볶이 1인분의 가격은 3000원, 순대볶음 1인분은 3500원, 무침만두 4개 2500원이라는 착한 가격으로 적은 돈으로도 배부르게 먹을 수 있도록 학생들을 배려했다. 많이 먹지는 못하지만 다양한 메뉴들을 먹고 싶어 하는 고객들을 위해 모든 메뉴를 1인분씩 판매하고 있다.

일반적인 매장에서 접해보기 힘든 시도들이지만 이곳 대표는 항상 〈애플하우스〉를 사랑해주는 고객들이 〈애플하우스〉를 더 자주, 더 알차게 즐겨주길 바라는 마음에 유지하고 있다.

이 가격에 팔면 뭐가 남을까 싶지만 이곳 대표는 장사란 내가 돈을 벌기 위한 마음과 맛있게 만들어 고객들이 먹어주는 뿌듯함이 한데 어우러져야 한다고 강조한다. 저렴하게 제공하기 위해서는 재료가 완벽할 수 없다. 시장 가격과 메뉴 가격을 적당하게 조절할 줄 아는 것이 매장 운영의 노하우다.

만두 같은 경우도 일반적인 분식집에서는 당면만 들어간 만두를 떡볶이와 같이 함께 낸다. 하지만 〈애플하우스〉에서는 당면뿐만 아니라 갖은 양념과 파, 당근, 후두 등 계절마다 달라지는 채소들이 들어간 속을 사용한다. 포장마차 운영 당시 혼자 만두까지는 감당할 수 없어 어렵게 찾은 이 특별한 만두는 30년 동안 그 인연을 이어오고 있다. 만두를 새콤달콤한 양념에 무친 만두 튀김은 〈애플하우스〉가 지금까지 버틸 수 있게 해준 효자 메뉴다.

메뉴는 30년 전과 크게 달라진 것이 없다. 나름 비법을 통해 개발한 메뉴지만 다른 곳에 비해 특별함이 없는 것 같아 고객들에게 미안한 마음이 들었던 적도 있다는 대표. 하지만 30년 동안 변함없는 맛이 〈애플하우스〉가 오랜 시간 사랑 받을 수 있던 이유일 것이다.

(3) 고객은 소중한 인연이다

이곳 대표는 30년 동안 매장을 운영하면서 그리 힘든 적은 없었다고 한다. 일손이 부족할 때는 고객들이 스스로 셀프서비스를 자처했고, 언제나 웃는 얼굴로 찾아와주니 절로 힘이 났기 때문이다.

〈애플하우스〉가 위치한 곳은 오래된 상가이다. 현대식으로 매장을 바꾼다면 물론 더 깨끗해 보이고 편의도 좋아질 것이다.

또한 매장을 찾아와주는 소중한 고객들의 추억을 무시할 수 없다. 이곳 대표는 이런 고객 때문에라도 점포운영을 오랫동안 하고 싶다고 한다. 유학을 갔다 한국으로 돌아오자마자 〈애플하우스〉를 찾아온 고객, 주말마다 찾아오는 고객 등 다양한 고객들의 웃음과 추억이 녹아 있으니 〈애플하우스〉는 더욱 소중하다.

서울 3대 즉석 떡볶이로 이름이 알려지기 시작하며 분점을 내달라거나 사업적으로 확장하자는 고객들도 많지만, 이곳 대표는 오랜 세월 뚝심으로 지켜온 이곳을 계속 지켜나가고 싶다. 그의 꿈은 앞으로도 항상 고마운 고객들에게 향수를, 추억의 맛을 선물하는 것이다.

8) 셀프서비스 도입 매장 효율 극대화 〈동대문엽떡스쿨존〉

(1) 진동벨 울리면 떡볶이 가져가세요

아무리 수고스러워도 매장에서 직접 음식을 만드는 방식을 고집하는 회사의 방침상, 많은 반찬이 요구되는 도시락 점포 운영은 쉽지 않았다. 때문에 이번에 론칭한 브랜드는 그런 애로사항을 불식시킬 수 있는 원동력이 될 수 있기를 기대하고 있다. 대치동에 직영점

〈동대문엽떡스쿨존〉이 문을 열면서 고객들의 반응은 폭발적이었다. 신규 론칭 브랜드에 가장 관심을 둔 것은 패스트푸드점의 점포 운영 시스템이다.

패스트푸드점에서와 같이 고객들이 떡볶이를 주문하고 나서 진동 벨이 울리면 가져가는 방식이다. 모든 음식 용기는 일회용으로 주방 의 일손을 대폭 줄였다.

(2) 기존 가맹점주, 추가 운영으로 시너지 기대

제 2브랜드 〈동대문엽떡스쿨존〉은 기존 〈동대문엽기떡볶이〉 점주 들을 위해 만든 브랜드의 성격이 강하다. 점주들의 추가적인 수익창 출 통로로 제공하고 싶었다고 한다.

기존 브랜드가 점포당 매출이 좋아 안정적인 수익을 담보하지만, 이들의 더 나은 발전을 위해 제 2브랜드를 통한 시너지 효과를 낳게 하고 싶었다. 메뉴는 같고, 판매방식은 다르지만, 고객층이 거의 중 복되지 않기 때문이다. 기존 브랜드가 주로 오피스가의 20~30대 직 장인들이 주력이었다면 〈동대문엽덕스쿨존〉은 주로 학교 앞이나 학 원가, 주택가의 학생들과 주부들이 타깃이다.

3~4인분 이상만 판매하다 보니, 객단가가 낮은 고객들을 흡수하지 못했던 것이다. 하지만 〈동대문엽떡스쿨존〉은 기존 브랜드에서 놓쳤

던 고객들을 또 다른 상권에서 흡수할 수 있다는 분석을 내놓고 있다.

(3) 〈동대문엽기떡볶이〉의 진화 브랜드

〈동대문엽기떡볶이〉은 점포 내부에 육수기를 비치해 고객들이 셀프로 국물을 자유롭게 마실 수 있도록 했다. 육수도 다른 감미료가 전혀 들어가지 않은 콩나물 국물과 어묵으로만 맛을 내 이곳만의 차별화를 가져왔다.

기존에 없던 꼬마김밥인 마약김밥도 선보이고 있으며, 튀김도 오징어가 아닌 문어로 튀겨 메뉴의 차별화를 더했다. 맵지 않은 순한 맛도 구비해 매운 것에 대한 거부감을 가진 고객들도 엽기떡볶이를 즐길 수 있도록 했다.

〈동대문엽떡스쿨존〉은 점포 공간이 60~66㎡(18평~20평)기준으로, 기존 패스트푸드전문점과 같이 복층의 카페분위기를 지향한다. 학생들에게는 패스트푸드점처럼 넓고 쾌적하며, 카페 같은 분위기에서 충분히 여유를 즐길 수 있는 공간을 제공한다.

이런 카페 분위기는 30~40대 주부고객들의 유입도 기대하게 한다. 현재 대치점은 60㎡(18평) 규모로 하루 평균 150만원 상당의 매출을 보이며, 2.5명으로 운영이 가능하다.

중국으로부터 꾸준한 러브콜을 받고 있는 떡볶이 브랜드는 광저우 지역에 직영점도 운영중이다.

9) 서울 입맛 잡은 대구 후추 떡볶이 〈신전떡볶이〉

1999년 대구에서 사업을 시작한 프랜차이즈 업체 신전떡볶이가 전국 진출에 속도를 내고 있다. '중독성 있는 매운맛' 이라는 입소문이 나면서 아딸 등 1세대 전국구 떡볶이 프랜차이즈가맹점 수를 빠르게 따라잡고 있다. 가맹점 수는 현재 520개에 달한다.

(1) 중독의 비결은 후추

신전떡볶이는 2008년 서울 진출을 시도했다. 대구와 경북 등에서 100개 매장을 낸 여세를 몰아 서울까지 내달렸다. 하지만 쉽지 않았다. 당시에는 전국구 떡볶이 브랜드에 비해 인지도가 떨어져 매장을 확장하는 데 어려움을 겪었다. 신전떡볶이보다 늦게 창업했지만 이미 수도권에 자리를 잡고 있던 아딸(2003년), 죠스(2007년), 국대(2010년) 등에 밀린 것이다. 소비자들은 단맛에 기초한 매운맛(죠스), 푸짐한 국물(국대), 다양한 튀김류(아딸) 등 1세대 떡볶이 프랜차이즈들에 익숙해져 있었다.

그러나 2015년을 기점으로 이런 브랜드에 대해 소비자들이 식상하기 시작했다. 그로인해 기존 강자들의 가맹점 수가 줄기 시작했다. 이 틈새를 타 신전떡볶이는 포기하지 않고 '새로운 맛'을 무기로 다시 서울 진출을 시도했고 그 틈새맛에 매료된 고객들로 인해 본격적으로 매장이 늘어나기 시작한 것이다. 인기 비결은 후추에 기반을 둔 매운맛이었다. 신전떡볶이는 다른 떡볶이와 차별화하기 위해 몇 년간 소스를 개발했으며 소비자들이 신전떡볶이를 매장에서만 맛볼 수 있도록 온라인 등 다른 방법을 통한 유통을 철저히 제한한 것이 주효한 것이다.

대구는 원래 매운맛 떡볶이로 이미 유명한 지역이었다. 고추장과 고춧가루 등 일반적인 방법으로 매운맛을 내는 다른 지역과 달리 대구는 1970년대 신천시장을 중심으로 후추를 조리법으로 쓰는 떡볶이가 생겨나 나름대로 전통을 이어가고 있었으며 이 맛은 대구 지역 소비자들에게는 이미 익숙한 맛으로 이 맛이 서울 지역 소비자들에겐 신선하게 다가간 것이다.

(2) 프랜차이즈 천국 대구

신전떡볶이 이전에도 대구·경북에서 시작한 여러 프랜차이즈가 전국구 업체로 성장했다. 치킨업계에선 교촌치킨, 호식이두마리치킨,

멕시칸, 멕시카나, 처갓집양념통닭 등이 그것이다. 서가앤쿡(양식), 미즈컨테이너(양식), 토끼정(퓨전요리), 매스커피(커피전문점) 등도 대구에서 사업을 시작했다.

대구는 전국에서 외식 프랜차이즈 경쟁이 가장 치열한 곳으로 한국프랜차이즈산업협회 자료에 따르면 대구·경북에 본사를 둔 프랜차이즈 업체만 400여 곳이나 된다. 전국 3500개 프랜차이즈 업체의 11% 이상이 이 지역에 있는 것이다. 서울·경기를 제외하면 가장 많은 숫자다. '한국의 외식 트렌드를 알려면 대구에 가보라' 는 말이 있을 정도다.

원래 대구는 다른 곳과 달리 지역을 대표하는 산업이나 기업이 부족해 외식업에 대한 관심이 높다. 그래서 대구·경북 지역 음식은 특색이 없다 보니 매운맛은 좀 더 맵게, 단맛은 좀 더 달게 하는 방법으로 조리법이 발전했다. 이런 특이한 맛이 다른 지역 소비자들에게 먹히고 있는 것이다.

10) '국민간식' 떡볶이 〈아딸〉

본래 떡볶이는 왕이 즐겨먹던 궁중요리로 서민들은 구경조차 못할 정도로 귀한 음식이었다. 이른바 '궁중떡볶이' 는 간장양념에 재워둔

쇠고기와 함께 볶아내는 형태로, 지금과 같이 고추장 양념을 활용한 매콤달콤한 맛은 아니었다. 최근에는 보다 다양한 맛과 종류의 떡볶이가 시장에 모습을 드러내며 '국민간식'으로 떠오르고 있다.

나아가 세계시장을 겨냥해 진출하는 모습도 속속 감지되고 있다. 이는 떡볶이 프랜차이즈 1세대 〈아딸〉의 사례에서도 충분히 입증되고 있다. 1순위 창업아이템으로 손꼽히는 〈아딸〉의 주인이 되기 위해 반드시 거쳐야 하는 관문, 바로 〈아딸〉 아카데미다.

(1) 118관문을 통과하라

프랜차이즈 창업도 일종의 개인 사업이다. 아무리 튼튼한 본사가 완벽한 시스템을 제공한다 하더라도 점주 스스로 그에 녹아들지 못하면 결코 성공할 수 없다. 〈아딸〉은 예비창업자라면 누구나 한번쯤은 생각해 볼만한 아이템 가운데 하나다. 시장에서의 성공이 보장돼 있고 수요는 끊이지 않으며 운영도 크게 어렵지 않기 때문이다. 하지만 기회가 주어진다 한들 누구나 〈아딸〉의 점주가 될 수는 없다. 이른바 백과사전 두께의 매뉴얼을 달달 외워 100문장이 주어지는 시험에서 90개 이상을 맞아야 하기 때문이다. 게다가 기초적인 18문항까지 추가돼 공포의 '118관문'이 완성된다. 문항은 점포를 운영함에 있어 기초적인 부분만 다루어 외우기만 하면 누구나 할 수 있지만, 이를 얕봐서는 결코 통과하기 어렵다. 무엇보다 90점에 못미칠 경우 재시험이 기다리고 있기 때문이다. 교육은 매뉴얼에 따른 이론교육이 중심이다. 그 가운데 가장 중점적으로 다루는 부분은 '원칙을 지키는가'이다. 서비스의 경우도 단순히 친절함을 초월해 고객과의 소통으로 이어져야 하는 것이 원칙이다 〈아딸〉은 이론을 배우는 것보다 점주 스스로 원칙을 지키는 것이 어렵다. 따라서 이 부분에 보다 초점을 맞추고 교육을 진행한다.

(2) 무시무시한 연장교육의 공포

현재 〈아딸〉아카데미 시스템은 과거 250개 점포가 개설될 때 까지만 해도 체계적으로 갖춰지지 않았다. 지난 2008년부터 시행돼 수정, 보완을 거쳐 지금의 시스템을 갖춘 〈아딸〉아카데미는 〈아딸〉현재 모습의 바로미터라 해도 과언이 아니다. 당시까지는 현장교육 중심이었으나 점점 규모가 커지면서 이론에 대한 정립이 필요하다고 느꼈다. 따라서 만들어진 것이 이론교육인데, 이후 현장교육은 보다 더 무시무시해졌다.

기본 4일 이어지는 동안 현장 교육은 이론에서 배운 전반적인 운영과 동선파악 등에 대한 실습으로 시작된다. 그런데 첫 날 교육이 끝날 무렵 현장 교육담당자는 느닷없이 점주의 손에 점포의 열쇠를

쥐어준다. 이튿날부터 점주 혼자서 오픈준비를 시키는 것이다. 점주의 현장 실습 평가서는 현장 교육담당자에 의해 매일같이 홈페이지에 등록돼 누구나 볼 수 있게 공유되는데, 만약 정규 4일 교육기간 동안 'OK' 싸인을 받지 못할 경우는 연장교육에 돌입한다. 여기서 문제는 '추가비용'이 발생한다는 것인데 비용이 만만치않다. 이 때문에라도 예비창업자들은 현장교육에 임하는 자세가 남다르다.

(3) 너무 힘들다!

교육생들은 너도나도 '힘들다'며 아우성이다. 그러나 여기서부터 점포의 승패가 갈리기 시작한다. 교육과정이 타이트한 건 사실이지만 본인이 점포에 나가면 더한 고통이 뒤따르는 것은 자명한 사실이기 때문이다. 현장교육은 말 그대로 교육일 뿐이다.

실수도 용납된다. 그러나 '내 점포'에서는 누구도 도와주지 않는다. 현장에서 부족한 부분은 결국 내 점포에서도 반복될 수밖에 없다. 결과는 손님의 외면으로 이어질 뿐이다. 이로 인해 교육과정에서 점주들의 기질을 엿볼 수 있다.

열심히 하는 점주는 어떠한 상황에 직면해도 의연하게 대처를 하는 반면 사소한 불만을 토로하는 점주는 항상 문제가 발생한다. 사실 어려움은 교육자의 입장에서도 마찬가지다.

각계각층의 다양한 성향의 사람들을 일관된 본사의 방향과 원칙에 맞춰야 하기 때문이다. 또한 교육을 진행하면서도 스스로도 배운다. 긍정적인 에너지를 심어주기 위해 하는 좋은 말들이 본인에게도 자극이 된다.

프랜차이즈 창업에 성공하는 사람들의 공통분모는 본사와의 신뢰가 바탕이 되어야 비로소 상생한다. 눈앞의 성공은 바로 내가 어떻게 하느냐에 달려있다.

(4) 실패의 큰 요인은 '나'로부터 도덕적 마인드 가져야 성공

진정한 성공은 어떻게 돈을 벌고 어떻게 사용할 것인가를 알고 있는 데서 나온다. 〈아딸〉은 경영의 원리로 '창업'을 설명하기 이전에 주변에서 일어날 수 있을 법하거나 혹은 들어봄직한 사례들을 통해 그 이면을 분석함으로써 예비창업자들의 이해를 돕는다.

무엇보다 다양한 실패담 위주의 사례를 소개함으로써 창업에 보다 신중을 기할 수 있도록 한다. 창업은 단 1회로 끝날 수도 있다는 점을 명심해야 한다. 가족의 동의가 없으면 재창업도 쉽지 않고, 한번 실패할 경우 두려움을 극복하는 것도 쉽지 않다. 또한 1차적 창업 성공 이후에 실패하는 사례가 많다는 점을 들어 어떻게 돈을 벌지 아는 것 이상으로 또 어떻게 사용할 것인지를 아는 것도 중요하다.

창업의 성공을 위해서는 자신을 돌아보는 것이 가장 중요하다. 내가 과연 이 업종에 맞는지, 내가 이 일을 즐겁게 할 수 있는지를 우선적으로 파악하는 게 중요하다. 창업 실패의 요인에는 외부적인 요인도 있으나, 내부적인 요인이 더 크다. 즉 실패의 큰 요인은 '나'로부터 비롯된다.

그리고 화를 다스려야 한다. 나를 얼마나 성찰하고 다스릴 수 있는가에 달려있다. 창업멘토링 시간 내내 강조한 것은 바로 '착한성공'이다 순한 사람, 착한 사람이 성공할 확률이 높다. 화를 참지 못해 발생한 사소한 사건으로 인해 점포가 문을 닫게 된 다양한 사례들이 많다. 실패를 불러오는 내부적인 요인부터 살필 필요가 있다.

법보다 도덕적인 마인드에 대한 이야기를 더 많이 하는 이유는 이것이 물질적인 성공을 만드는데 밑받침되는 것으로, 그래야 지속성을 가질 수 있기 때문이다.

(5) 창업에도 선택과 집중이 필요

작은 분식집에서 시작해 지금의 분식프랜차이즈 〈아딸〉을 만들기까지 여러 번의 창업 실패와 수많은 시행착오를 겪어왔다. 하지만 그 실패와 시행착오가 바로 성공적인 시스템을 만드는 밑바탕이 됐다. 경기가 어려울수록 외식업계에서 시도하는 시행착오 중 하나가

메뉴 가짓수를 늘리거나 배달을 시작하는 것으로 특히 소규모 분식점에서는 메뉴 가짓수가 많거나 배달을 해서는 채산성이 맞지 않는다. 즉 선택과 집중이 필요하다.

따라서 창업아이템 선정 시 주의할 점으로 계절이나 유행을 타는 아이템은 아닌지, 특정지역에서만 호황을 타는 음식은 아닌지 등을 살펴야 한다.

〈아딸〉은 새로운 상권을 개발하고 프리미엄 아딸 브랜드(아딸 카페, 아딸 플러스, 아딸 익스프레스 등) 론칭 후 본격적으로 특수매장을 늘려나갔다. 특히 휴게소, 마트, 백화점 등 특수 상권 오픈을 주력으로 높은 매출과 노출 효과로 제2의 전성기를 맞았다는 자평이다. 또한 아딸의 서브브랜드인 프리미엄 김밥전문점 〈가마솥김밥〉을 론칭해 좋은 반응을 얻었다. 수원 천천점과 아현점을 오픈하며 일평균 200만 원 정도의 높은 매출을 유지하고 있다. 더불어 10개 매장이 추가 오픈하여 가맹사업이 활발하게 진행되고 있다.

아딸은 좋은 성과를 보인 특수 상권(백화점, 쇼핑몰, 휴게소, 스키장 등)을 중심으로 매장을 확대, 강화해 나가고 있으며 또 가마솥김밥 가맹사업에 총력을 기울여 100개의 가맹점 오픈을 달성하고 있다.

2. 신생 브랜드의 틈새 전략

1) 부산의 명물을 전국에서 맛보는 〈씨앗호떡부산떡볶이〉

일명 '이승기 호떡'으로도 유명한 부산의 명물 씨앗호떡이 프랜차이즈 시스템을 통해 전국에서 맛볼 수 있게 됐다. 프랜차이즈 전문기업 ㈜SN인더스트리에서는 건강 별미 간식 씨앗호떡과 더불어 부산을 대표하는 명물 먹거리를 한데 모아 〈씨앗호떡부산떡볶이〉라는 브랜드를 통해 부식업계에 본격적인 출사표를 던졌다.

즉 브랜드 론칭은 2013년 1월에 했으며 현재 매장수는 100여개로 대표메뉴는 씨앗호떡(1000원), 대왕떡볶이(2500원)과 인테리어 콘셉트는 심플하면서도 감각적인 카페형 분식전문점을 모토로 하고 있으며 현재 창업비용은 3400만원(26㎡기준)의 중저가를 표방하고 있다.

〈씨앗호떡 부산떡볶이〉만이 갖는 경쟁력을 보면 지역을 대표하는 간식 아이템으로 한 지역을 대표하는 토종 간식 아이템으로 높은 선호도와 인지도를 확보하고 있으며 쉽게 따라할 수 없는 제품 경쟁력 확보를 통해 어육함량이 70%에 달하는 부산어묵, 40년 전통 기술의 타래반죽과 100% 쌀떡으로 만든 대왕떡볶이 등 쉽게 따라할 수 없는 제품 제조 노하우로 경쟁력을 확보해 나가고 있다.

(1) 부산의 명물 먹거리, '국민간식' 넘보다

부산은 다양한 지역에서 전통 먹거리로 지역민은 물론 관광객들의 입맛을 사로잡고 있다. 다양한 먹거리 중에서도 '씨앗호떡'은 TV프로그램을 통해 '이승기 호떡'으로도 유명해진 부산의 명물 간식이다. 부산의 10대 명물로 꼽히는 씨앗호떡은 오랜 시간 남녀노소를 불문하고 많은 이들에게 검증 받은 인기 아이템으로 부산을 넘어 타 지역 등에서도 길거리 음식이라는 고정관념을 탈피해 국민간식으로 큰 인기를 누리고 있다.

씨앗호떡이 부산을 넘어 다양한 지역에서 그 전통의 맛을 알릴 수 있었던 데에는 공식적으로 프랜차이즈화한 것이 주효했다. 프랜차이즈 전문기업 ㈜SN인더스트리는 씨앗호떡을 사계절 즐기는 건강한 간식이라는 슬로건 아래 부산원조 씨앗호떡을 전국 어디에서나 즐길 수 있도록 프랜차이즈 시스템을 만든 것이다. 여기에 호떡뿐만이 아니라 대왕떡볶이, 비빔당면, 물떡, 부산어묵 등 메뉴군을 더욱 다양화해 고객 선택의 폭을 넓힌 것이 강점으로 작용한 것이다.

(2) 쉽게 흉내낼 수 없는 원조의 맛

〈씨앗호떡부산떡볶이〉의 가장 큰 강점은 원조의 맛을 그대로 구현했다는데 있다. 특히 씨앗호떡은 40년 전통의 특제 타래 반죽으로

겉은 바삭하고 안은 쫄깃한 식감을 구현했으며, 흉내 낼 수 없는 깊은 맛을 자랑한다. 씨앗호떡용 호두, 땅콩, 해바라기씨 등의 씨앗은 고소한 풍미를 위해 제조 공장에서 특별 가공처리를 거치며, 원료만큼이나 중요한 숙성 노하우를 통해 만들어진다. 이는 모두 규격화된 레시피에 따라 부산에 위치한 씨앗호떡 전용 공장에서만 만들어 전국 가맹점에 제공한다.

역시 인기메뉴인 '대왕떡볶이' 는 큰 가래떡으로 만든 쫄깃한 맛이 일품인 쌀떡 떡볶이다. 길이 15㎝, 두께 2.5㎝의 가래떡을 고객이 직접 잘라먹는 방식으로 맛과 더불어 보기에도 푸짐한 부산 먹거리의 특징을 살렸다.

(3) 안정적인 물류시스템 구비로 성공창업 도와

현재 씨앗호떡부산떡볶이는 제주도를 포함해 전국에 80여 개의 매장을 운영하고 있다. 대중적인 분식류면에서도 부산의 명물 먹거리를 한데 모아놓은 덕에 그 자체로 이슈가 돼 다양한 미디어에 소개되는 등 큰 호응을 얻고 있다.

또한 체계적인 물류 시스템으로 안정된 창업이 가능하다는 점과 특히 호떡 등을 길거리 음식이 아닌 카페형의 쾌적한 공간에서 즐길 수 있도록 한 점이 예비창업자들의 이목을 끌고 있다.

즉 원조 씨앗호떡은 길거리 음식이 아닌 상표 등록된 믿을 수 있는 브랜드로 체계적인 물류 유통과 교육 시스템으로 초보창업자들도 성공창업을 할 수 있도록 지원하고 있으며 물류 역시 부산 물류 공장에서 매일 각 매장으로 체계적으로 배송할 수 있는 시스템을 구비해 경쟁력을 갖췄다.

2) 기본에 충실한 진짜 떡볶이전문점 〈킹콩떡볶이〉

'찾았다 진짜 떡볶이' 라는 캐치프레이즈를 내세운 〈킹콩떡볶이〉가 가맹사업을 시작한 지 2년여 만에 100개의 매장을 오픈하며 순항 중이다. 떡볶이의 기본이라 할 수 있는 '떡' 과 '양념' 만큼은 그 어느 브랜드와도 비교를 거부하는 기본에 충실한 떡볶이전문점 킹콩떡볶이다.

이 브랜드는 브랜드 론칭은 2013년 4월에 했으며, 2015년 기준 매장수 100여개로 대표메뉴는 떡볶이, 국물 떡볶이, 파닭 떡볶이, 쿵쿵튀김, 어묵 등이다. 인테리어 콘셉트는 트렌디한 감각의 모던한 공간을 추구하고 입지전략으로는 오피스지역, 주거지역, 대학가, 번화가 등을 중심으로 하며 창업비용은 4980만 원(33㎡ 기준) 내외이다.

현재 킹콩떡볶이의 경쟁력으로는 기본에 충실한 맛으로 킹콩떡볶이는 5가지 고춧가루를 배합해 중독성 있는 매운 맛을 낸다. 화학성분 없이 천연재료로 매운 맛을 낸 킹콩떡볶이의 맛은 고객들이 먼저 알아보는 진실한 맛이다.

그리고 거품을 뺀 창업비용으로 킹콩떡볶이 초기 창업비용은 다른 브랜드에 비해 1000~2000만원 가량 저렴하고, 식재 물류비 역시 8% 가량 낮아 예비 창업자들의 부담을 줄인 점이 주요 경쟁력으로 작용하고 있다.

(1) '의리'로 뭉친 '진짜 떡볶이'

맛에 대한 자신감 하나로 경쟁이 치열한 분식업계에 당당히 도전장을 낸 〈킹콩떡볶이〉는 2013년 4월 론칭해 본격적인 가맹사업을 시작한지 2년여 만에 100여개의 가맹점을 오픈하며 빠른 성장세를 보이고 있다.

킹콩떡볶이는 30여 가지 떡볶이 소스 레시피를 보유한 ㈜죠스로지스틱스와 〈라멘만땅〉, 〈왕십리 곱창〉등 인기 브랜드를 론칭한 외식전문기업 ㈜이심전심이 손을 잡고 선보인 떡볶이 전문브랜드다. 떡볶이에 관한 한 최고라 자부하는 ㈜죠스로지스틱스 대표와 정직한 외식업에 대한 철학이 있는 '사람으로서 마땅히 지켜야 할 도리' 즉 '의리'로 의기투합하여 탄생한 브랜드가 바로 킹콩떡볶이이다.

킹콩떡볶이는 죠스로지스틱스와 이심전심이 킹콩떡볶이를 위해 의기투합한지 4년이 되었지만 '정직한 사업'에 대한 철학으로 통한 부분이 있으며, 20년 이상 함께해 서로에 대한 믿음이 두텁다.

(2) 중독성 강한 매운맛으로 차별화

대기업 떡볶이 브랜드의 론칭부터 함께했던 죠스로지스틱스가 떡볶이 맛을 책임지고 있기 때문에 킹콩떡볶이는 원조떡볶이임을 자부한다. 킹콩떡볶이는 맛에 대한 자부심이 남다른 죠스로지스틱스 노하우의 결정체다. 5가지 이상의 고춧가루만 배합해 만든 매운떡볶이는 '중독성 강한 맛'이라는 표현이 잘 맞을 정도로 고객들의 큰 사랑을 받고 있다. 학창시절 향수를 느낄 수 있는 국물떡볶이, 바삭한 치킨과 알싸한 파가 잘 어우러지는 파닭떡볶이는 킹콩떡볶이의 차별화된 메뉴 중 하나로 이색 떡볶이를 경험하고 싶어 하는 젊은층에게 큰 사랑을 받고 있다.

죠스로지스틱스 대표는 떡볶이의 맛은 단순히 양념 소스만으로 결정되는 것이 아니다. 떡의 질감과 양념의 배합 등 다양한 요소가 결합돼야만 최상의 떡볶이 맛을 낼 수 있다며 생산량이 다소 떨어지더라도 기본에 충실한 제조방식을 고수해 떡의 질감을 최상으로 유지하는 것이 노하우임을 강조한다.

떡볶이 외에 튀김과 순대, 어묵 등의 인기도 상당하다. 업계 최초로 튀김 전용 '로즈마리유'를 출시하기도 한 킹콩떡볶이는 건강한 식재료의 사용으로 소비자들의 신뢰도를 더욱 높여나가고 있다.

(3) 가맹점주들을 위한 의리 프로젝트

뛰어난 맛을 기본으로 감각적인 인테리어, 스토리텔링 등을 선보이는 킹콩떡볶이는 예비창업자들 사이에서 인기 브랜드로 떠오르고 있다. 여타 분식점 창업에 비해 1000~2000만원 가량 저렴한 창업비와 8% 이상 낮은 식재료비용 등 가격 경쟁력이 높다는 것도 예비창업자들의 이목을 집중시키는 요인이다. 이 역시 죠스로지스틱스와 이심전심의 사업에 대한 철학이 통하는 부분이다. 가맹점주와 본사, 물류 회사가 삼위일체가 되어야만 롱런하는 브랜드가 될 수 있다는 것이 그것이다.

킹콩떡볶이는 다른 브랜드에 비해 창업비용의 거품이 없고, 소자본 및 소점포로 실속 있게 창업할 수 있다. 서울, 경기 지역은 물론 창원, 부산 등에서도 오픈을 하고 있는 만큼 전국적인 인기가 날로 더해지고 있다.

매운떡볶이와 국물떡볶이를 모두 할 수 있는 브랜드는 없을까? 고심하던 중 킹콩떡볶이를 알게 되었다. 총 3개의 브랜드를 놓고 고민하던 중 킹콩을 선택한 이유는 바로 '떡볶이의 맛' 때문이었다.

킹콩떡볶이 안산 본오점을 오픈한 가맹점주는 스물여덟이라는 다소 어린 나이에 떡볶이전문점을 창업했다. 외식업에 대해 전무했던 점주는 맛, 브랜드, 본사시스템 등 여러 가지를 놓고 꼼꼼히 분석한 후 최종적으로 킹콩떡볶이를 선택했다. 일주일간의 본사 교육을 통해 기본적인 시스템을 익혔지만 오픈 일까지 좀 더 배워야겠다는 생각에 스스로 기간을 늘려가며 교육을 받을 정도로 열정적이었다.

아직 오픈한지 얼마 안됐기 때문에 배워야 할 점이 많다. 독립점포를 운영했다면 더 험난했겠지만 킹콩떡볶이 본사의 체계적인 지원 시스템으로 시행착오를 많이 줄여나갈 수 있어 좀 더 운영에 자신감이 차오른다.

3) 떡볶이를 식사로 즐기는 무한리필 뷔페 〈두끼떡볶이〉

최근 핫한 아이템으로 뜨고 있는 무한리필 뷔페시장이 분식업계까지 무대를 넓혀가고 있다. 소스부터 떡, 토핑, 튀김, 면사리까지 취향대로 골라 조리해먹는 DIY 떡볶이 레스토랑 〈두끼떡볶이〉가 그것이다. 간식 개념이었던 떡볶이에 무한리필 콘셉트와 DIY 형태를 접목시켜 푸짐한 한 끼 식사로 완성하면서 만족도를 높인 것이다.

(1) 소스부터 떡, 토핑까지 입맛대로 골라먹는 DIY형 매장

〈두끼〉는 떡과 토핑, 각종 튀김과 순대, 당면, 면 사리, 소스 등 총 40여 가지 재료를 뷔페식으로 제공하여 고객 입맛에 맞게 조리해 먹을 수 있는 신개념의 떡볶이 무한리필 브랜드다. 무한리필전문점 은 메뉴 완성도나 재료 품질, 위생 등이 떨어질 것이라는 고정관념 을 타개하기 위해 HACCP 인증을 받은 곳에서 제품을 공급 받고, 즉석에서 튀겨내는 수제튀김과 고급 어묵, 다양한 재료들을 푸짐하 게 구성해 '가성비 만점'이라는 호응까지 얻고 있다.

두끼에서 무한리필로 제공하는 품목은 약 40여 가지다. 그중 떡 종류만 10여 가지, 구멍쌀떡, 날씬쌀떡, 네모밀떡, 모양쌀떡을 비롯 해 칼국수 면처럼 기다란 모양의 한끼떡과 두끼떡까지 다양한 형태 의 떡을 제공한다. 여기에 라면사리와 베트남쌀국수, 납작당면, 스파 게티면, 쫄면 등과 같은 면 사리와 어묵, 순대, 소시지, 수제튀김, 볶 음밥 재료까지 포함해 더욱 다채로운 한끼 식사를 완성할 수 있다.

소스는 짬뽕소스와 즉떡소스, 불꽃소스, 궁중소스, 짜장소스, 두끼 소스 등 6가지 종류로 구성하고 있다. 본사 대표가 지난 10여년간 3,000군데가 넘는 전국의 떡볶이 매장을 직접 다니며 먹어본 경험을 토대로 각 지역별 특색을 살린 떡볶이 소스를 개발한 것이다. 대구 의 유명한 떡볶이전문점처럼 카레 가루를 사용하기도 하고 강원도 대박 떡볶이집에서 벤치마킹한 간장 베이스 소스를 개발해 궁중소스로 제공하기도 한다. 각각의 개성을 살리면서도 누구나 좋아할 만한 대중 색을 찾는 데 주력한 것이다. 소스부터 떡 재료, 각종 토핑까지 고객의 기호대로 조리하며 맛과 메뉴 완성도를 높일 수 있어 만족도가 높다.

(2) 푸짐한 한끼 식사 콘셉트로 주부 고객에 각광

지금까지 국내 떡볶이 시장은 많은 변화를 거쳐 왔다. 2010년 무렵에는 '국대떡볶이'나 '아딸', '죠스떡볶이'등 2000~3000원대 저렴한 가격대의 소규모 프랜차이즈 브랜드들이 대거 론칭했다가 한동안은 프리미엄 떡볶이가 강세를 띠면서 9000~1만원대의 고가 떡볶이 전문점들이 생겨났다. 그러나 떡볶이는 간식이자 길거리 음식이라는 인식 때문에 가격 저항선을 타개하는데 한계가 있었다.

〈두끼〉는 프리미엄과 저가형 콘셉트의 접점으로 객단가 7000~1만원대에 40여 가지 재료를 무한대로 가져다 먹을 수 있는 데다, 다양한 면류와 밥까지 구성해 간식보다 한 끼 식사로 마무리할 수 있어 가격대비 만족도가 상당히 높은 편이다.

또 한 가지 특징은 40~50대 중년층과 주부 고객의 방문율이 높다는 점이다. 떡볶이 아이템 특성상 10~20대 고객 비중이 높은 여타 브랜드들과 달리 식사 콘셉트와 무한리필의 푸짐한 강점 때문에 오후 2~3시에는 주부고객이, 저녁 6시 이후에는 떡볶이에 맥주를 곁들이는 중년층 남성 고객이 많다.

객단가가 1만원이상인 데다 평균 식사 시간이 1시간 이내로 회전도 빨라 창업시장에서도 관심을 모으고 있다.

(3) 투자형 창업으로 억대 매출 구현

〈두끼〉는 현재 전국에 80여개 가맹점이 성업 중이며 중국에는 3호점까지 진출해 있다. 대만 매장의 경우 일 평균 800만원 이상의 매출을 유지할 정도로 반응이 좋다.

이곳은 여느 떡볶이 브랜드들과 다르게 '투자형' 창업을 지향한다. 평균 132~165㎡(40~50평), 크게는 330.58㎡(100평) 이상 대형 매장으로도 입점하는 추세고 권리금과 보증금을 제외한 오픈 비용은 약 2억~3억 선, 본사에서는 주로 2층에 입점하는 것을 제안하는데 1층보다 권리금이나 보증금이 저렴한 이유도 있지만 전망 있는 곳에서 떡볶이를 다이닝처럼 여유롭게 즐길 수 있는 분위기를 구현하기 위해서다.

현재 50평 기준 월 평균 매출은 1억8000만원 선이고 오픈 후 1년 반 정도면 투자비용 회수가 가능하다. 오픈시 투자비용은 높은 편이지만 뷔페식 무한리필에 DIY 형태라 아르바이트생만으로도 운영이 가능해 인건비가 비교적 적게 든다. 더구나 간식 겸 식사, 또는 맥주 안주로도 즐길 수 있어 식사 시간은 물론 오후 2~3시 때나 밤 시간대에도 고객을 모을 수 있다는 장점이 있다. 장사가 잘 되는 매장의 경우 40평 규모에서 평일 300~400만원, 주말 600만원 이상의 매출을 꾸준히 유지하고 있다.

(4) 떡볶이 전문가가 만든 즉석떡볶이 FC

〈두끼떡볶이〉 대표는 '떡볶이의 모든 것' 이라는 인터넷 카페 개설자다. 〈두끼떡볶이〉를 창업하기 전부터 떡볶이 마니아, 외식업 경영주, 식자재 납품업자 등과 교류하면서 주말마다 전국 떡볶이 맛집을 찾아 다녔다. 수백 곳의 가게를 다니면서 어떤 떡과 순대, 어묵이 맛있는지, 식자재가 어떻게 유통되고 싸게 납품 받으려면 어떻게 해야 하는지 등의 노하우를 알게 됐고 떡볶이 전문가답게 전국에서 맛있고 좋은 재료들만 엄선해서 가맹점에 공급하고 있다.

어묵은 우리나라에서 역사가 가장 오래된 삼진어묵을, 순대는 경남 창녕에서 도살장을 직접 운영해 항상 신선한 선지로 순대를 만드는 우포따오기에서 공급받는다. 모두 인터넷 카페에서 알게 된 업체들로 HACCP인증을 받은 곳이다.

(5) 식재료 로스율이 적은 DIY 셀프바 방식

〈두끼떡볶이〉는 고객들이 셀프바에서 원하는 재료를 직접 가져다가 끓여 먹는 뷔페식 콘셉트다. 성인 7900원, 학생 6900원에 40~50종에 달하는 식재료를 무한리필로 제공한다. 셀프방식으로 운영되기 때문에 전문 주방장이 없어도 되고, 음식을 나르는 종업원도 필요없어서 인건비를 최소화할 수 있다.

식재료 가짓수가 많아 다른 떡볶이 전문점에 비해 운영이 어려울 것이라는 생각이 들 수도 있지만 공장에서 배송된 재료를 보관해 놓았다가 셀프바에 꺼내놓기만 하면 되는 방식이라 별다른 어려움이 없다는 것이 본사측의 설명이다.

즉석떡볶이 특성상 미리 음식을 준비하는 것이 아니라 원재료 자체를 꺼내 놓으면 되고 급속 냉동시킨 떡, 진공포장된 순대와 같이 쉽게 변질이 되지 않도록 제조한 것은 물론 유통기한이 긴 재료들이 많아 식재료 로스율이 적다.

배추, 숙주, 깻잎과 같은 채소류는 신선함을 유지하기 위해 각 가맹점에서 개별 구매하고 가격이 오른 품목에 대해서는 대체 가능한 다른 채소류를 준비한다. 무한리필이라고는 하지만 포만감이 높아 일정량 이상은 먹지 않고 볶음밥용 치즈나 맥주 등 추가메뉴 주문이 많아 1인 객단가가 9000원 정도다.

(6) 세계로 나아가는 즉석떡볶이 패밀리레스토랑

〈두끼떡볶이〉가 추구하는 콘셉트는 기존 분식형 떡볶이 매장과 차별화되는 즉석떡볶이 패밀리레스토랑이다. 고객이 직접 끓여 먹는 방식으로 매장에 오래 머무는 만큼 편안하고 쾌적한 분위기를 제공하기 위해서다.

본사가 추천하는 최소 면적은 115~132㎡(35~40평), 평균 198~231 ㎡(60~70평)로 소규모 창업은 어렵다는 설명이다. 132㎡(40평) 오픈 기준 개설비용은 1억7000만원 정도, 별도공사와 부가세까지 합치면 권리금과 보증금을 제외하더라도 2억원 내외가 된다.

고비용 창업에 속하지만 본사에서는 가맹점의 임대료를 낮추기 위해 건물 2층의 넓은 매장을 추천한다. 실제 충남 보령점의 경우 상가건물 2층에 132㎡(40평) 규모로 오픈, 일평균 매출 60~70만원을 꾸준히 유지하면서 매출의 33~38%정도의 순수익률을 올린다.

〈두끼떡볶이〉는 현재 중국 상하이와 성도, 대만 시먼띵, 타이베이, 싱가포르에 진출했으며 6월에는 대만에 4개 매장을 추가로 출점했다. 현재 국내 매장수는 105개로 200호점이 넘어서면서 국내 출점을 멈추고 해외사업에 집중하고 있다.

4) 프리미엄 전문점 선두 브랜드로 자리잡아 〈죠스떡볶이〉

〈죠스떡볶이〉는 전국 420여 개 매장을 확장하며 큰 폭의 성장세를 보였다. 대표메뉴인 '매운 떡볶이'를 비롯 '수제튀김', '찹쌀순대', '부산어묵', 최근 출시한 '수제어묵고로케'까지 깔끔하고 질 높은 메뉴들이 젊은 연령층에게 큰 호응을 얻으며 주요상권을 위주로 그 영역을 넓혀간 것이 주효했다.

특히 〈바르다김선생〉이 프리미엄 김밥전문점의 선두 브랜드로 자리 잡았다는데 의미가 컸다. 표백제, 방부제 등이 들어가지 않은 5無 백단무지와, 전통 방식으로 짜낸 참기름, 무항생제란, 저염햄, 청정지역 김, 무기질이 풍부한 간척지 쌀 등의 신선함과 건강함을 담은 바른 식재료 사용과 최적의 레시피를 통한 김밥 맛으로 고객에게 신선함과 건강함을 담은 음식을 제공하고 있다.

2015년 12월 기준으로 84개 매장을 운영 중이며, 지난 2015년 4월에는 '바르다 김선생 아카데미' 오픈으로 가맹점에 양질의 교육을 제공하며 전문성 높은 프리미엄 김밥전문점을 만들었다.

㈜죠스푸드는 죠스떡볶이 전 매장에서 고객에게 보다 안전하고 위생적인 먹을거리를 제공하기 위해 패밀리레스토랑 등에서 사용하고 있는 전문세제 브랜드 이콜랩 제품으로 전격 교체를 단행했다.

5) 새 슬로건 '오늘도 맛있다' 〈스쿨푸드/카페리맨즈〉

〈스쿨푸드〉는 캐주얼 한식 브랜드로 제2의 도약을 선언하며 대대적인 브랜드 리뉴얼을 단행했다. '건강하고 품질 좋은 식재료'를 강조하고 '오늘도 맛있다'는 새 슬로건을 전면에 내세워 메뉴와 인테리어에 큰 변화를 줬다. 와규를 이용한 '와규마리', 새로운 식재료인 꼬막을 사용한 '꼬막마리', '까르보나라 떡볶이' 등 색다른 메뉴가 눈길을 끌었다. 해외 매장 오픈 소식도 이어졌다.

홍콩 텔포드 팔라자에 스쿨푸드 4호점을 오픈하며 홍콩시장에서 성공적으로 안착했다. 홍콩 타임스퀘어점을 시작으로 샤틴점, 페스티벌워크점에 이어 홍콩에서만 벌써 4번째 매장이다. 태국 시암파라곤점과 베트남 하노이점을 오픈해 동남아시아권 각지에서도 매장을 넓혀가고 있다.

6) 맥주와 떡볶이를 함께 즐기는 미니 레스토랑 〈JP떡볶이〉

수원에서 매운떡볶이로 연 매출 100억원까지 올린 〈중평떡볶이〉를 서울에서도 만날 수 있게 됐다. 중평떡볶이의 양념 기술을 전수받아 신림동에 세련된 레스토랑 콘셉트로 〈JP떡볶이〉를 새롭게 오픈한 것이다. 메인메뉴는 여느 분식집처럼 떡볶이, 순대, 튀김류다. 사이드로 새우튀김과 꼬다리김밥, 이색메뉴로는 태국식 닭튀김요리인 까이텃이 있다. 떡볶이는 '국물떡볶이' 형태로 적당히 매우면서 후추향이 진한 편이다. 보리새우와 생선을 넣고 끓인 육수를 사용하기 때문에 첫맛은 맵지만 먹을수록 시원하고 깊은 맛이 돈다.

속재료를 길쭉하게 잘라 넣어 '김밥 꽁지' 모양으로 만든 꼬다리 김밥은 각각의 재료와 함께 직접 만든 홈메이드 소스를 곁들여 넣는 점이 특징이다. 참치김밥은 마요네즈소스와 청양고추, 매콤한 수제소스를 추가해 느끼한 맛이 덜하고 멸치김밥은 완도산 멸치를 매실원액 베이스 소스에 버무린 후 호박과 호두, 잣, 아몬드를 으깨 넣어 달착지근하면서도 고소한 맛을 가미했다. 칼스버그와 산미구엘, 코로나, 호가든 등 다양한 세계 맥주를 함께 구성한 점도 돋보인다.

7) 가맹점이 살아야 본사가 산다 〈올떡볶이〉

〈올떡볶이〉는 2007년 강남 개포동 직영 1호점을 본점으로 오픈하여 매년 100개씩 오픈하며 떡볶이 시장에서 무섭게 성장한 신생브랜드다. 지난 10년 동안 변화하며 현재 더 다양한 메뉴를 가지고 더 많은 소비자들에게 만족감을 제공할 수 있도록 노력하고 있다. 본사의 캐치프레이즈인 '가맹점이 살아야 본사가 산다' 라는 것처럼 가맹점의 매출 상승 및 수익안정화를 최우선으로 본사와 가맹점이 동반 성장하고자 하는 브랜드이다.

〈표10〉 올떡볶이 가맹내역

상호명	㈜지엔에스 올떡	브랜드명	올떡볶이
대표명	정창영	전화번호	02-3403-9046
설립연도	2004.05.04	가맹시작연도	2005.05.04
가맹점수	252	직영점수	0
홈페이지	www.alltokk.co.kr	투자금액	4,470만원(10평 기준)
주소	서울시 송파구 중대로 64 6층		
창업조건	남녀노소 누구나 가능		
창업지원내용	슈퍼바이저의 현장 운영 지원		
특징	가. 떡볶이 브랜드 장수 기업 　(1) 14년의 역사로 검증된 사업		

	(2) 최고의 맛과 품질 나. 가맹점주 100% 만족 시스템 　(1) 원재료의 경쟁력 　(2) 상생의 커뮤니케이션 　(3) 지속적인 신메뉴 개발 　(4) 다양한 메뉴 및 손쉬운 조리 　(5) 성공 창업을 위한 부동산 전문 조직 운영 다. 초보자 & 여성창업자에게 유리 　(1) 교육프로그램에 의해 초보자도 프로사업가로 　　　육성 　(2) 반가공 제품 공급을 통해 조리가 간편하여 　　　초보창업자의 운영이 쉬움
장점	(1) 떡볶이뿐만 아니라 식사류를 포함한 다양한 　　메뉴군을 가지고 있음 (2) 슈퍼바이저의 현장 운영지원으로 가맹점의 　　어려움을 덜어주고 성공으로 이끔 (3) 본사의 공격적이고 체계적인 마케팅 지원을 통해 　　가맹점 사업에 많은 도움을 줌 (4) 웰빙 지향, 소득향상과 더불어 높은 성장 잠재력을 　　가지고 있음
창업아이템에 대한 일반 정보	떡볶이 & 식사류를 포함한 분식

〈올떡볶이〉는 2006년 "올리브떡볶이" 라는 브랜드로 시작하여, 매년 100개 이상씩 전국에 오픈하며 떡볶이 시장에서 초기에 자리를 잡을 수 있었다. 당시 떡볶이 시장은 프랜차이즈가 진입하지 않았던 블루오션이었으며, 올리브떡볶이는 "엄마가 아이에게 먹이고 싶은 떡볶이" 라는 가치를 가지고 탄생하였다.

브랜드를 런칭하며 규모별로 15평 이상 카페형 매장, 10평의 테이크아웃 매장을 비롯해 대형마트, 리조트, 야구장, GS슈퍼마켓 등 소자본에 특성화된 창업매장을 선보이고 있다.

〈올떡볶이〉는 경쟁업체에 비해 다양한 메뉴군을 가지고 있다. 다양한 메뉴군을 가지고 있다는 것은 상권에 맞는 적합한 메뉴를 넣을 수 있는 가장 좋은 무기다. 뿐만 아니라 원부재료 조달, 조리, 매장 운영방법은 물론이거니와 품질청결서비스까지 전반적으로 컨설턴트를 받을 수 있다. 〈올떡볶이〉은 콜드체인 시스템을 적용하며 배송을 통하여 원부재료에 대한 관리를 할 수 있도록 돕고 있다.

〈올떡볶이〉은 기본적으로 최고 품질의 제품을 패밀리 사장들에게 공급해 주고 있다. 하지만 소비자들은 이제 더 이상 제품만 구입하는 것이 아니라 서비스도 함께 구입한다고 할 수 있다. "한번 등돌린 고객은 다시 돌아오지 않는다" 는 생각을 가지고 언제나 손님에게 웃는 미소와 최상의 서비스, 그리고 보장된 품질이 더해져 확실히 성공적인 매장으로 자리 잡을 수 있다.

수많은 프랜차이즈 회사가 생겼다가 사라지기를 반복하고 있듯 창업을 준비하는 예비창업주는 회사의 규모와 설립연도를 확인하여야 한다. 올떡은 벌써 13년이 넘는 긴 시간을 수많은 사장들과 동고동락 하였으며, 항상 현장의 의견을 소홀히 하지 않도록 노력해오고 있다. 올떡의 보장된 품질과 완성된 맛으로 함께 한다면 경쟁이 심한 창업시장에서 살아남을 수 있는 확실한 브랜드로 평가 받을 수 있다.

8) 떡볶이 뷔페 〈락떡〉

㈜굿프랜드에프씨는 2015년 설립된 이후, 떡볶이뷔페 락떡 브랜드를 런칭하였다. 2015년 12월 건대직영점 오픈을 시작으로 서울 수도권 및 지방의 주요 거점지역을 중심으로 그 맛과 품질, 서비스를 점차 확대해 나가고 있다. 특히 '고객감사'의 절대적 가치를 바탕으로 '안전한 먹거리', '행복을 주는 공간' 등 고객만족을 위해 최선의 노력을 다하고 있다.

〈표11〉 락떡 브랜드 가맹내역

상호명	㈜굿프랜드에프씨	브랜드명	락떡(떡볶이뷔페)
대표명	조인영	전화번호	1670-7959
설립연도	2015.10	가맹시작연도	2015
가맹점수	3	직영점수	1
홈페이지	www.rocktteok.com	투자금액	12,380만원(40평 기준)
주소	서울시 송파구 오금동 80-7번지 7층		
창업조건 & 창업 지원 내용	가맹점 개설조건으로는 지상 1층, 2층 실 평수 50평 이상을 권하고 있다. 오피스 및 주거 밀집 상권은 물론 특수상권(백화점, 쇼핑몰, 병원 내 등)에도 개설 가능하다.		
특징·장점	타 브랜드와 달리 두 가지 맛을 한 번에 즐길 수 있도록 반반냄비를 제공한 점이 가장 큰 특장점이다. 이는 과거 '질보단 양'을 추구했던 소비자들의 입맛이 점점 고급화된 점을 고려하여 한 번에 여러 가지 맛을 볼 수 있는 반반냄비 그야말로 소비자와 업체, 양자 모두에게 유익한 식품 트렌드로 자리하였다. 또한 락떡의 자체 물류시스템(모든 식재료를 매일 공급)으로 원가율이 낮아 투자대비 수익성이 월등하며, 식사와 분식을 겸하여 브레이크 타임 없이 운영이 가능하다.		
창업아이템에 대한 일반 정보	"소소하고 즐거운 행복의 순간을 만드는 공간" 떡볶이뷔페 락떡은 지극히 평범한 한국인의 대표 간식 떡볶이의 식을 줄 모르는 인기와, 착한 가격대로 무한으로 즐길 수 있다는 점에 소비자들의 사랑을 받고 있다. (성인7900원 초중고 6900원 유아 3900원) 또한 떡볶이라는 메뉴는 계절을 타지 않아 불황에도 큰 영향을 받지 않는 인기 창업 아이템 중 하나이다. 기존의 분식점과는 다른 카페, 레스토랑 형태의 인테리어로 쾌적한 매장 환경을 제공한다.		

이곳 대표는 함께 하는 직원들의 미래를 책임질 수 있는 사업주로서 그들에게 꿈과 희망을 그리고 행복을 전도하는 전도사가 되어야 한다고 강조한다. 더불어 앞으로 10년 후 프랜차이즈 사관학교를 설립하여 이론과 현장의 경험을 모두 가르칠 수 있는 배움의 터를 마련한다는 각오를 다지고 있다.

가맹점 오픈 및 매장 운영을 최대한 손쉽게 할 수 있도록 사전 지원팀은 물론, 담당 슈퍼바이저와의 끊임없는 의사소통으로 오픈 한달 간 지속적인 집중관리를 받게 된다. 또한 본사 메뉴개발(R&D) 팀에서는 시즌 별 식재료를 활용해 꾸준한 신메뉴 개발에 힘쓰며, 가맹점 개설 후 파격적인 마케팅 지원을 통해 브랜드 홍보에도 적극 앞장서고 있다.

〈락떡〉의 자체물류시스템으로 원가율이 낮아 투자대비 수익성이 월등하다. 특히나 식사와 분식을 겸하여 브레이크타임 없이 운영 가능하며, 동종업계와 달리 한 번에 여러 가지 맛을 볼 수 있는 반반 냄비는 그야말로 소비자와 업체, 양자 모두에게 유익한 식품 트렌드로 자리잡았다.

서비스란, 매장에 방문한 고객을 지키는 것으로 고객이 불러서 가는 것은 심부름이고, 고객이 찾기 전에 고객이 무엇을 필요로 하는지 먼저 다가가는 것은 서비스이다. 누구나 쉽게 생각하고 놓치기 쉬운 부분이나, 제대로 서비스를 느끼게 하기 위해선 반드시 고객을 주시하고 고객이 부르기 전에 고객만족을 시켜야 차별화 된 서비스를 느끼게 한다.

무엇을 할 것이냐의 문제가 아니라 어떻게 운영할 것 인가의 문제이다. 서비스를 봉사한다는 정신으로 한다면 절대 무너지지 않는다. 장사는 곧 배려이기 때문이다.

무한 생존 경쟁시대이다. "생존경쟁에서 이길 것이냐? 영원한 패배자가 될 것이냐"의 문제는 바로 '자신'에게 달렸다. 누구와 함께 할 것인가? 그 선택도 역시 '자신'의 몫이라는 걸 명심해야 한다. 준비되지 않은 자에게는 아무리 기회를 주어도 그 기회를 자기의 것으로 만들 수 없다. 준비된 자에게만 반드시 기회가 찾아온다는 기본에 충실할 필요가 있다.

9) 떡볶이에 대한 새로운 발상 〈버스컵 떡볶이〉

컵떡볶이하면 누구나 '그냥 종이컵'에 담긴 평범한 떡볶이를 떠올린다. '그게 별거야?' 〈버스컵 떡볶이〉의 재미있는 발상은 여기서 시작됐다. 누구나 아는 평범한 컵떡볶이가 아닌 나만의 아이디어가 담긴 컵떡볶이를 만들자는 것이다. 그래서 탄생한 것이 국민 간식 떡볶이에 비주얼과 케이크아웃, 1인 고객 세가지 최신 트렌드를 덧입힌 〈버스컵 떡볶이〉다.

무한리필 떡볶이 열풍 이후 프랜차이즈 떡볶이 시장이 잠잠하다. 카페형 콘셉트를 앞세운 몇몇 즉석떡볶이 브랜드의 인기도 주춤한 가운데 SNS에서 폭발적 인기를 얻으며 주목받는 곳이 있으니 바로 〈버스컵 떡볶이〉다.

그동안의 컵떡볶이는 단순히 떡볶이를 컵에 담은 것뿐, 그 이상의 것이 없었기에 주목받지 못했다. 〈버스컵 떡볶이〉는 이 단순한 컵떡볶이에 디자인과 콘셉트를 입혔다. 푸드트럭 이미지를 새겨 넣은 감각적인 종이컵에 떡볶이를 담고 그 위에는 '눈꽃' 튀김가루를 얹은 뒤 새하얀 크림을 풍성하게 올린다. 맨 위에는 캐러멜, 녹차 등 토핑까지 얹었다. 누가 봐도 생크림 듬뿍 얹은 카페 음료같은 비주얼로 SNS를 한방에 사로잡았다.

더 재미있는 것은 〈버스컵 떡볶이〉의 비주얼 재료가 분식점 등 일반 외식업소에서 흔히 사용중인 재료라는 점이다. 튀김가루는 튀김을 할 때 생기는 튀김 부스러기이고, 포테이토 크림은 크림우동으로 인기를 끈 한 외식 브랜드에서 벤치마킹했다. 테이크아웃 컵과 캐리어는 카페 콘셉트다.

분식 아이템의 가장 큰 장점은 식재료 원가에 있다. 아무것도 첨가하지 않은 떡볶이 단일메뉴의 식재 원가율은 통상 20% 전후, 사이드메뉴인 순대와 튀김류도 최대 25%를 넘지 않는다.

〈버스컵 떡볶이〉는 컵떡볶이 메뉴 특성상 필연적으로 발생하는 컵과 홀더, 캐리어, 나무젓가락 등의 소모품 비용을 메뉴와 오퍼레이션으로 상쇄시켰다. 비결은 메뉴군 단순화다. 떡볶이를 제외하고는 튀김류 위주로 메뉴를 구성하되 튀김은 OEM 냉동제품으로 대체해 주방 업무와 조리인력을 최소화했다. 여기에 오픈형 주방과 셀프서비스를 결합한 서비스 방식으로 홀 인력 없이 주방 인원만으로도 매장 운영이 가능 했다. 주방인력 2명만으로 일매출 100만원까지 커버 가능한 구조다.

포테이토 크림과 토핑 소스 등 원가를 높이는 부재료는 기본메뉴가 아닌 옵션으로 구성해 적정 원가율을 유지한다. 토핑에 따라 튀김가루만을 얹은 눈꽃떡볶이와 포테이토 크림을 얹은 것이다. 토핑 소스를 추가한 것 세 가지로 구분해 취향에 따라 선택할 수 있도록 했다. 주문고객의 90%는 소스까지 추가하는 것이 일반적이다.

테이크아웃 컵떡볶이 전문점으로 출발한 버스컵 떡볶이는 최근 테이크아웃에 잇인을 결합한 홀 매장 콘셉트를 새롭게 선보였다. 홀 영업이 가능한 대형 매장에 대한 예비창업자의 니즈에 따른 결과다. 이로써 테이크아웃 전용 매장과 홀 겸용 매장 두 가지 콘셉트의 가맹 모델을 구축, 다양한 상권에 빠르게 입점함으로써 브랜드 경쟁력을 확보했다. 홀 매장은 테이크아웃 매장과 동일한 메뉴를 취급하되 컵이 아닌 볼 용기를 사용하고, 단품보다는 세트 판매에 비중을 둬 객단가를 높였다. 여름철에 약한 계절적 한계를 극복하고자 스무디와 빙수 등 여름 메뉴 개발도 완료했다.

1, 2층으로 운영되는 한양대점은 테이크아웃 & 잇인 복합매장의 대표적인 예다. 1층은 주방 겸 서비스 공간으로 2층은 홀로 구성해 패스트푸드의 편리한 식사와 카페의 편안한 분위기를 겸비했다. 대학가 상권답게 와이파이와 휴대폰 충전 서비스, 스터디가 가능한 독립 공간까지 갖춰 떡볶이를 먹으면서 휴식을 취하거나 공부를 할 수도 있다. 발상의 전환과 디테일이 돋보인다.

10) 카페형 즉석떡볶이 무한리필 뷔페 〈님도셰프〉

당신도 셰프가 될 수 있다는 의미의 〈님도셰프〉는 50여 가지가 넘는 재료로 고객이 원하는 즉석떡볶이를 만들어 무한으로 즐길 수 있는 뷔페형 매장이다. 성인 1인당 7900원만 내면 무한리필로 마음껏 먹을 수 있어서 가성비 높다는 평가를 받고 있다.

매장 중앙에 위치한 셀프바에는 떡 8가지와 소스 6종, 각종 튀김,

채소, 사리 등이 준비되어 있어서 고객들이 직접 재료를 선택해 조리해 먹는다. 셀프서비스 방식을 택함으로써 주방장이 필요 없고 음식을 나르는 직원도 필요하지 않아 인건비를 줄일 수 있다는 장점이 있다.

셀프바에는 각 재료의 맛과 맛있게 먹을 수 있는 방법, 레시피 등을 친절하게 적어 놓아 고객들이 직접 만들어 먹는 재미가 있다. 맛에 대한 설명이 없는 다른 즉석떡볶이 전문점에 비해 자신의 입맛에 딱 맞는 떡볶이를 만들기 쉬워서 재방문율이 높고 입맛에 맞지 않아 남기는 잔반도 줄어든다.

단골고객들은 기본 레시피를 응용해서 색다른 떡볶이를 만들어 먹는데 기본소스와 달콤소스, 크림소스를 섞어서 로제 떡볶이를 만들거나 매운소스와 크림소스를 섞어서 불닭볶음맛의 떡볶이를 만드는 식이다. 매번 다른 떡볶이를 만들어 먹는 재미가 쏠쏠해 고정 메뉴처럼 질리지도 않아서 재방문 주기가 짧은 편이다.

〈님도세프〉의 가장 큰 특징은 무한리필과 카페형 콘셉트를 합쳐 두 콘셉트의 장점을 모두 갖고 있다는 점이다. 중고등학교 학생들은 6900원, 대학생들은 7900원이면 무한리필로 배부르게 먹을 수 있어 주머니가 가벼운 학생층에게 인기가 높다. 점주 입장에서는 먹성 좋은 학생들이 계속 온다면 남는 것이 있을까? 하는 걱정이 들 수도 있지만 젊은층의 경우 식재료단가가 비싼 채소류보다는 떡, 어묵, 소시지 위주로 먹기 때문에 오히려 남는 장사라는게 본사 측의 설명이다.

즉석떡볶이와 함께 치즈퐁듀(4000원), 치즈토핑(2000원), 고구마스틱(1500원)과 같은 사이드 메뉴도 인기다. 특히 젊은 여성들의 경우 매운 떡볶이에 치즈를 올려 먹거나 단짠메뉴로 고구마스틱을 선호하는 편이다. 커피, 음료, 맥주도 함께 파는데 학생, 직장인 등 다양한 고객층을 확보해 매출을 높이는 전략이다. 커피는 아메리카노와 아이스라테 2가지 메뉴로 식후 커피를 찾는 고객들을 공략한다. 캡슐커피 기계를 사용하기 때문에 초보자인 점주들도 쉽게 커피를 내려 제공할 수 있다. 맥주는 퇴근 후 외식을 즐기는 직장인들과 회사 단체모임을 유치하는 중요한 역할을 한다. 매장에서 매일 튀겨내는 수제튀김은 떡볶이와 함께 먹기도 하지만 맥주 안주로도 활용도가 높다. 단호박, 고구마, 깻잎, 오징어, 양파 등 8가지 튀김은 필요할때마다 바로 튀기기 때문에 바삭하고 고소하다는 고객의 호평이 이어지고 있다.

〈님도셰프〉는 임대료가 비싼 번화가보다 주택가, 학원가, 아파트 단지처럼 생활밀착형 상권에서 꾸준한 매출 상승세를 보인다. B급 상권이지만 학원 수업을 마치고 집으로 돌아가는 10대 학생들, 아이들과 함께 외식을 나오는 30대 젊은 주부층과 여성들이 주 타깃이기 때문이다. 〈님도셰프〉 양천구청점은 신정동 목동아파트 단지 한가운데 2층에 자리 잡아 순수익률 30%로 안정적인 매출을 올리고 있다. 본사의 철저한 입지 분석에 의해 같은 건물에서 학원 수업을 마치고 내려오는 학생들과 주부들의 간단한 브런치, 아이들의 생일파티 장소로 각광받고 있다. 홍대처럼 20~30대의 젊은층이 붐비는 변화가에도 2~3층 상권을 공략, 상대적으로 저렴한 임대료로 점주들의 부담을 덜고 있다.

현재 운영중인 매장들의 상권에 따라 다르지만 본사의 매뉴얼화된 생산과 유통 시스템으로 매출액 대비 약 36% 정도의 수익률을 보이는 곳도 있으며 오픈 1~2개월 후 매장이 안정되면 원가비용, 임대료, 인건비 등을 제외한 순수익률은 20~30% 정도다.

부록

창업 및 업종 전환, 신규사업 가이드

〈표 1〉 외식산업의 구성요소

외식산업의 구성요소				
가격	식음료	인적서비스	물적서비스	편리성

〈표 2〉 외식기업 경영형태의 장·단점

구분 \ 방법	초기투자	경험도	사업운영 책임도	실패율	재정 위험도	보상
직영	높다	높다	높다	높다	높다	높다
가맹	보통 이하	최저	보통	보통	보통	보통 이상
인수	보통	높다	높다	높다	높다	높다
위탁	없음	보통 이상	보통	보통	보통	보통 이하

<표 3> 업종별 분류

외식산업	음식중심	일반음식점	일반음식점	한식점
				일식점
				양식점
				중식점
				기타
			특수음식점	열차식당
				항공기내식당 기내사업
				선박 내 식당
			숙박시설 내 음식점	호텔 내 식당
				리조트,콘도,여관 내 식당(1970년 이전)
		단체음식	학교	초,중,고,대학
			기업	구내식당
			군대방위시설	군대
				전투경찰
				경찰
				교도소
			병원	구내식당
			사회복지시설	연수원
				양로원
				고아원
	음료중심		찻집,술집	커피전문점
				호프집
				술집(대중유흥업소)
			요정,바	요정
				바
				카바레
				나이트클럽, club

〈표 4〉 한식의 유형별 종류

품목	세부종목	품목	세부종목
해물류	조개찜 조개구이 게찜 바닷가재찜 낙지볶음 굴회 오징어볶음	전류	파전 빈대떡 모듬전 오코노미야키
생선류	갈치구이 코다리찜 광어회 장어구이 장어직화 장어양념구이	국물류	된장찌개 부대찌개 청국장 순두부 북어국
육류-쇠고기	쇠고기등심 쇠고기갈비 쇠고기 불고기 쇠고기 샤브샤브	디저트류-빵	샌드위치 초콜릿 케이크 와플 바게트
육류-돼지고기	돼지고기 삼겹살 돼지갈비 돼지등갈비	디저트류-음료	생과일주스 아이스크림 빙수 생과일 요거트 스무디
육류-닭고기	닭튀김 삼계탕 닭강정 닭갈비	디저트류-커피	커피 북카페 애견카페 키즈카페
육류-족발	족발 냉족발 오븐구이족발 쌈족발	출장음식	도시락 제사음식 홈파티
면류	자장면 짬뽕 냉면 잔치국수 메밀	주류	소주 맥주 생맥주 와인 막걸리
탕류	갈비탕 샤브샤브 설렁탕 삼계탕 매운탕	분식류	순대류 튀김 떡볶이 우동 김밥
한식	비빔밥 쌈밥 영양밥 김밥 죽	뷔페류	패밀리뷔페 해산물뷔페 고기뷔페 샐러드뷔페 디저트뷔페 채식뷔페

〈표 5〉 외식업계 업종별 트렌드 핵심 (키워드)

창업할 수 있는 외식 종목들 간 콜라보레이션(모둠+조합) 메뉴

업종	키워드	상세 키워드
한식	건강한 삶과 간편식 시장확대	4S(safety, show, self, single), 건강, 간편식, 유기농, No MSG, 오픈키친, HMR
패밀리 레스토랑	감성을 추구하는 융복합화	콜라보레이션, 감성, 시장 다각화, 초니치 마켓
치킨	카페형 매장과 스포츠 마케팅	가치소비, 힐링, 프리미엄, 싱글족, 치맥 스포츠 마케팅, 간편식, 안전, 차별화, SNS
주점	복고와 엔도르핀 디쉬	복고, 감성, 소형화, 차별화, SNS 콜라보레이션, 인테리어, 합리적 가격
커피	고급 원두와 부티크 매장	웰빙, 건강한 재료, 소형화, 전문화, 차별화, 콜라보레이션, 고급화, 부티크, 복고, 인테리어, 사회공헌, 해외진출
피자	웰빙과 프리미엄의 합리적 소비	웰빙, 고급화, 합리적 가격, 안전·안심, 스포츠마케팅, 복고·향수, 엔도르핀 디쉬, 콜라보레이션, 소형화, 건강한 재료, 싱글족
이탈리안 레스토랑	착한 소비와 건강한 식생활	착한 소비, 오가닉, 건강, 와인
분식	합리적인 가격과 콜라보레이션	콜라보레이션, 소형화, 프리미엄, 합리적 가격, 소량화, 간편식, 싱글족
패스트푸드	안전하고 합리적인 가격	합리적 가격, 간편식, 싱글족, 안심·안전
디저트	매스티지족의 진정성	콜라보레이션, 건강한 재료, 진정성, 유기농, 프리미엄, 인테리어, 독창성

〈표 6〉 소비자 유형별 기호와 변화

소비자 진화 양상 단계 ▼	새로운 소비자 집단 ▼
마담슈머(Madame + Consumer) 구매 결정권을 가진 주부들의 시각에서 제품 평가	**바이슈머(Buy + Consumer)** 해외에서 판매되는 물품을 직접 구입하는 소비자 (직구족)
⇩ **트라이슈머(Try + Consumer)** 기존 정보에 의존하지 않고 제품을 직접 써본 뒤 평가	**모디슈머(Modify + Consumer)** 제조업체에서 제시하는 방식이 아닌 자신만의 방법으로 재창조 해내는 소비자
⇩ **크리슈머(Creative + Consumer)** 신제품 개발이나 디자인, 서비스 등의 문제에 적극 개입해 의견을 제시	**스토리슈머(Story + Consumer)** 기업에 제품과 관련된 자신의 이야기를 적극적으로 알리는 소비자
⇩ **프로슈머(Producer + Consumer)** 제품의 생산단계에 직접 관여하거나 소비자가 생산까지 담당	**쇼루밍족(Showrooming)** 오프라인 매장에서 제품을 보고 온라인을 통해 저렴하게 구매하는 소비자(실속 중시) VS **역쇼루밍족(Reverse Showrooming)** 온라인에서 검색을 통해 제품을 결정한 뒤 오프라인에서 구매하는 소비자
⇩ **가이드슈머(Guide + Consumer)** 기업의 생산현장을 검증하고 잘못된 점은 지적, 잘한 점은 홍보	

〈표 7〉 외식 브랜드의 구성 요소

브랜드 아이덴티티	브랜드 네임, 브랜드 로고, 브랜드 컬러, 브랜드 캐릭터, 브랜드 슬로건
메뉴	메뉴 구성, 원재료 선택, 조리 방식, 메뉴명, 프리젠테이션, 식기 선택, 메뉴 제공 방식
서비스	서비스 정도, 서비스 방식, 서비스 특성
분위기	SI(Store Identity), 음악(music), 조명(lighting), 유니폼(uniform), 사인(signage)
입지	지역, 입점 형태(free standing/building-in)
가격	가격, 좌석회전율, 식재료비, 인력 및 인건비, 임대료 수준, 할인정책

〈표 8〉 브랜드 아이덴티티의 도출

기능적 속성	맛의 동질성, 볼의 차별성, 메뉴의 다양성, 양의 풍부함, 시간 절약, 이벤트의 독창성, 접근 편의성, 인테리어의 간결성, 가격대비 맛과 양, 가격의 합리성		
이성적 혜택	통일성, 신속성, 다양성, 합리성, 편리성, 독창성, 전문성		
감성적 혜택	신선함, 생동감, 젊음	친근함, 즐거움, 정겨움	편안함, 재미있음
성격	▼ 독특함	▼ 공유성	▼ 편안함
브랜드 아이덴티티	⇩ 스파게티로 특화된 캐주얼 레스토랑		

〈표 9〉 브랜드 콘셉트 키워드의 개발

키워드	내용
다양성	메뉴와 이벤트의 다양성
통일성	각 매장 간 메뉴의 맛, 인테리어의 동질성
합리성	가격대비 맛과 양, 서비스의 만족감
신속성	시간 절약
전문성	네이밍에서의 전문성, 메뉴의 전문성
편리성	접근과 이용, 서비스의 편리성
신선함	음식의 신선함, 신선한 식자재, 이벤트와 제공 방식(홀서비스)의 새로움
생동감	동적이고 활발한 분위기, 생동감 있는 인테리어
젊음	매장 분위기, 주된 색상, 방문하는 고객과 직원의 젊음
친근함	고급스럽지 않고 대중적이며 부담스럽지 않은 친근함
즐거움	밝고 화사한 인테리어와 가격대비 맛과 양이 좋은 것에서 오는 즐거움
정겨움	오픈된 주방이나 인테리어, 함께 나눠먹는 정겨움
편안함	인테리어의 편안함, 위치의 편안함, 서비스나 가격 등의 심리적 편안함
재미	이벤트의 재미, 메뉴를 고르는 재미, 홀서비스의 재미
독특함	홀서비스의 독특함, 패밀리레스토랑과는 다른 분위기와 서비스
공유성	음식을 나눔으로서 얻게 되는 정서의 공유

〈표 10〉 콘셉트 도출 사례

고객 이미지	개성을 추구하는 여대생 (20대 여성)	해외여행 경험이 있는 젊은 세대	신세대 직장인	자유 직업가와 보보스족	아침 일찍 출근하는 직장인
고객 이익	자신만의 공간, 자유롭게 대화	해외에서 경험한 커피 맛	친구와 여유로운 대화, 독특하고 맛있는 장소	다양한 커피 선택, 노트북 PC이용	간단한 빵과 커피
입지 이미지	이대 앞, 대학로, 프레스센터, 명동역, 강남역, 삼성역, 코엑스, 역삼역, 광화문				
고객 서비스	창가 쪽 1인 좌석, 자유공간, 바리스타, 테이크아웃 서비스, 고객 맞춤 커피, 무선 랜 서비스, 포인트제도, 페이스트리				
고객 시나리오	창가에서 음악을 들으며 혼자 책을 본다, 커피향이 나는 포근한 소파에서 친구와 부담 없이 대화한다. 여자 친구와 극장에 가기 전에 만나서 영화 이야기를 하며 즐긴다, 직장 동료와 점심 식사 후 커피를 테이크아웃하여 마신다. 여기저기 뛰어다니다 자투리 시간에 무선 랜을 이용하여 업무를 한다, 일찍 출근하여 회사 근처에서 여유로운 아침을 시작한다.				
목표 콘셉트	세계 최고의 커피를 주문하여 직접 에스프레소 방식으로 즐길 수 있는 커피숍, 혼자 있을 때는 편안하게, 친구와 같이 있을 때는 즐겁게 대화할 수 있는 커피숍, 고객의 오감을 만족시켜주는 문화가 있는 커피숍				

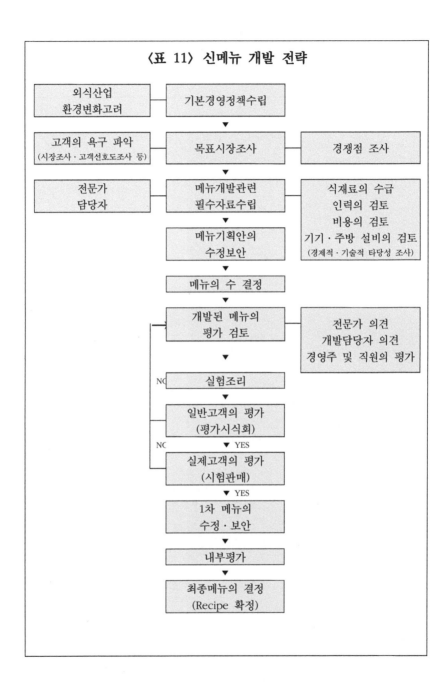

〈표 11〉 신메뉴 개발 전략

외식산업 환경변화고려	─	기본경영정책수립		
고객의 욕구 파악 (시장조사·고객선호도조사 등)	─	목표시장조사	─	경쟁점 조사
전문가 담당자	─	메뉴개발관련 필수자료수립	─	식재료의 수급 인력의 검토 비용의 검토 기기·주방 설비의 검토 (경제적·기술적 타당성 조사)

메뉴기획안의
수정보안

메뉴의 수 결정

개발된 메뉴의
평가 검토 ─ 전문가 의견
개발담당자 의견
경영주 및 직원의 평가

NO   실험조리

일반고객의 평가
(평가시식회)

NO   ▼ YES
실제고객의 평가
(시험판매)

▼ YES
1차 메뉴의
수정·보안

내부평가

최종메뉴의 결정
(Recipe 확정)

〈표 12〉 메뉴의 적합성 평가

주요항목 및 평가요소	세부검토사항	
소비기호 (연령별, 직업별)	• 타깃연령대가 좋아하는 음식인가? • 음식이 깔끔하고 정갈한가? • 타깃연령대의 수준에 적합한가? • 계절 메뉴나 계절 식재료를 사용할 수 있는가? • 건강식, 다이어트식, 기능식인가? • 맛 유지와 양은 적절한가? • 메뉴가격대는 어떤가? • 어린이용 메뉴구비와 디저트는 준비되어 있는가? • 가족고객이 좋아하는가? • 단순식사로 적합한가? • 메뉴북은 깨끗하고 설명이 충분한가? • 행사메뉴(모임, 회식, 기타)로 적합한 메뉴인가?	
점포, 입지, 시장	• 주변 시장의 가격대는? • 접근성(편리성)은? • 시장성(시장수요)은? • 적합한 건물인가? • 경쟁상태는? • 성장 가능한 입지인가? • 유동인구는 얼마나 되는가? • 주차시설은 되어 있는가?	• 혐오시설은 없는가? • 홍보성(가시성)은? • 적합한 입지인가? • 점포규모는? • 상권내의 외식 성향은? • 집객 시설이 있는가? • 유동차량은 얼마나 되는가?
경영효율 (경영관리 계수관리)	• 매출이익은? • 객단가는? • 메뉴관리는 용이한가? • 점포관리는? • 구매의 난이도는?	• 회전율은? • 원가(재료비,인건비,제경비)는? • 서비스의난이도는? • 경영주의 메뉴 이해도는? • 직원 채용은?
식사형태	• 조식 • 중식 • 간식 • 석식 • 미드나이트	
판매방식	• 내점(Eat in) • 배달 • 포장판매 • 복합판매 가능성은?	

〈표 13〉 외식 브랜드 주기별 커뮤니케이션 전략

도입기 (사업홍보)	• 모델샵의 영업 활성화에 총력 • 언론에 기사화 • 브랜드 인지도 제고를 통해 계약 유도 • 체험마케팅을 통한 점포 이용유도 • 예비창업자 홍보
성장기 (성공모델의 정착)	• 기획 사업설명회 개최(명강사 초청 등) • 도입기보다는 광고 홍보 효력감소 • 성공사례 만들기 • 성공사례를 바탕으로 한 현장 확인계약 실적 기대 • 경쟁업체 진입 시 탄력적으로 시장 전략 전개
성숙기 (브랜드지명도 확대)	• 성공사례를 중심으로 한 계약 실적 증가 • 브랜드 정체성 관리 강화(표준화, 전문화, 단순화) • 유지광고/홍보시행 • 브랜드 이미지 관리 • 메뉴개발 및 보완
쇠퇴기 (현상유지/ 신규사업)	• 계약실적 쇠퇴 • 브랜드파워 유지 • 고객욕구 분석을 기초로 한 사업 컨셉 조정 • 재정비 및 제2브랜드 런칭 • R&D 성장전략

〈표 14〉 라이프 사이클에 따른 단계별 관리전략

구분	도입기	성장기	성숙기	쇠퇴기
소비자	소비 준비	소비 시작	소비 절정	소비 위축
경쟁업소	미약	증대	극대	감소
창업시기	창업 준비	창업 시작	차별화	업종변경
매출	조금씩 증가	최고로 성장	평행선	하락
제품 (메뉴)	지명도 낮다	지명도 급상승 및 모방 시작	지명도 최고 제품의 다양화	신 메뉴로 대체시기
유통 (판매)	저항이 높고 점두판매위주	저항 약화되고 주문이 쇄도	주문감소 가격파괴현상	가격파괴절정 생존경쟁으로 재정비
촉진	광고 및 PR 활동성행	상표를 강조하고 경쟁적	캠페인활동 성행 및 제품의 차별성 강조	수요는 판촉에 비해 효과가 미흡
가격	높은 수준	가격인하 정책실시	가격최저로 가격에 민감	재정비에 따른 가격 인상정책
커뮤니케이션	체험마케팅을 통한 이용유도	성공사례를 바탕으로 현장실적기대	유지강화 브랜드 정체성 관리강화, 성공사례를 중심으로 계약실적증가	계약실적 쇠퇴, 신규사업진출 모색, 고객욕구분석으로 사업 컨셉 조정
진행기간	1년차	2년차	3년차	4년차

〈표 15〉 외식산업의 소득 수준별 발전

구분	GNP($)	성장과정	주요업체등장
1960년대	100 ~200	식생활의 궁핍 및 침체기(6·25전쟁 후), 밀가루 위주의 식생활 유입(미국 원조품), 분식의 확산 및 식생활 개선 문제 부상	뉴욕제과(67), 개업업소 및 노상 잡상인 대량 출현
1970년대	248 ~ 1,644	영세성 요식업의 우후죽순 출현, 경제개발 계획에 따른 식생활 향상, 해외브랜드 도입 및 프랜차이즈 태동, 국내프랜차이즈 시작 : 난다랑(79.7), 서구식 외식업 시작 : 롯데리아(79.10)	가나안제과(76) 난다랑(79) 롯데리아(79)
1980년대 초반	1,592 ~ 2,158	외식 산업의 태동기(요식업→외식산업), 영세 난립형 체인점 출현(햄버거, 국수, 치킨 등), 해외 유명브랜드 진출 가속화	아메리카(80) 윈첼(82) 짱구짱구(82) 웬디스(84) KFC(84) 장터국수(84) 신라명과(84) 등
1980년대 후반	2,194 ~ 4,127	외식산업의 적응 성장기(중소기업, 영세업체난립), 식생활의 외식화·레저화·가공식품화 추세, 패스트푸드 및 프랜차이즈 중심 시장 선도, 패밀리 레스토랑·커피숍·호프점·베이커리·양념치킨 등 약진	맥도날드(86) 피자인(88) 코코스(88) 도투루(89) 나이스데이(89) 만리장성(86)
1990년대 초반	5,569 ~ 10,000	외국산업의 전환기(95년 산업으로서 정착), 중·대기업의 신규진출 러시 및 유명브랜드 도입, 프랜차이즈 급성장 및 도태, 시스템 출현(외식근대화)	나이스데이 씨즐러 스카이락 TGIF 등 아웃백, 빕스, 베니건스, 애슐리, 마르쉐 등

구분	GNP($)	성장과정	주요업체등장
1990년대 후반	6,500 ~ 9,800	IMF로 경기침체, 전체적인 침체, 불황 중 실직자들의 생계수단과 고용 창출 효과, 침체기에도 꾸준한 성장을 이룸, 다양한 형태의 소비패턴에 따른 점포의 변화	서울 경기지역 외식기업 포화 상태로 지방음식의 체인화와 수도권 중심의 패밀리 레스토랑의 지방 진출과 발전
2000년대 초반	10,000-15,000	웰빙 문화로 인한 패스트푸드의 변화, 광우병파동으로 일부 산업 심각한 타격, 조류독감으로 치킨업계 일시적인 위기, 꾸준한 발전으로 전체 국민 노동력의 50%이상 고용 창출한 거대산업으로 발전	프랜차이즈 포화, 국내 브랜드 등장
2000년대 후반	15,000-21,500	국내브랜드 프랜차이즈 대거 등장 및 대기업·식품업계의 외식산업 진출, 대기업 3세들의 외식산업진출(신세계:스타벅스로부터시작-투썸플레이스 등)	(할리스, 카페베네 등)
2010년대 초반	21,500 ~ 25,000	경기침체와 세월호 사건으로 인한 외식위주 식단이 집으로 이동, 정부규제에 의한 외식분야와 식품분야의 위축	대기업 진출에 대한 정부규제, 상생과 공생의 기업 논리
2010년대 후반	25,000 ~ 30,000	대기업 외식산업이 상생과 공생을 내세운 중소기업 외식 정책으로 변화, 대기업의 외식산업 진출 금지, 외식문화의 침체기와 과다 경쟁	CS를 통한 기업 이익과 고객만족 공존

〈표 16〉 한국의 외식산업 발전과정

연대	발전내용	주요업체
1960년대 이전	• 전통 음식점 중심의 음식업 태동기 • 식생활 및 식습관의 가내 주도형 • 식량지원 부족(생존단계)	• 이문설렁탕(1907) • 용금옥(1930) • 한일관(1934) • 조선옥(1937) • 안동장(1940) • 고려당(1945) • 남포면옥(1948)
1960년대	• 6·25전쟁 후 식생활 궁핍 및 음식업 침체기 • 혼분식 확산(미국원조 밀가루 위주의 식생활)	• 삼양라면 최초 시판(1963) • 비어홀(1964) • 코카콜라(1966) • 뉴욕제과 신세계 본점 프랜차이즈 1호점(1968)
1970년대	• 해외브랜드 도입기 • 프랜차이즈 태동기 • 대중음식점 출현	• 난다랑(1979) 국내 프랜차이즈 1호 • 롯데리아(1979) 서구식 외식 시스템 시발점
1980년대	• 외식산업 전환기 • 해외브랜드 진출 가속화 • 국내 자생브랜드 난립 • 부산 아시안 게임(1986) • 서울 올림픽(1988)	• 아메리카나(1980) • 서울 프라자 호텔이 여의도 전경련 빌딩, 프라자(한식당), 도원(중식당), 연회장 운영(1980) • 윈첼도우넛, 버거킹(1982) • 서울 프라자호텔 열차식당 운영(1983) • 웬디스, 피자헛, KFC(1984) • 맥도널드(1986) • 피자인, 코코스, 크라운베이커리, 나이스데이, 놀부보쌈(1988)

연대	발전내용	주요업체
1990년대	• 외식산업 성장기 • 대기업 외식산업 진출 • 패밀리레스토랑 진출 • 전문점 태동	• TGIF 판다로시(1992) • 시즐러(1993) • 데니스, 스카이락, 케니로저스 (1994) • 토니로마스, 베니건스, 블루노트, BBQ(1995) • 마르쉐(1996) • 칠리스, 우노, 아웃백스테이크하우스(1997)
2000년대	• 외식산업의 전성기 • 식품업계의 외식산업 진출 • 대기업의 외식산업 점령 • 골목상권 장악 • 자금력에 의한 규모화	• 커피(음료)전문점의 강세, 포화 • 해외진출사례 (할리스 토종브랜드)
2010년	정부의 규제와 경기침체로 인한 외식산업 침체기, 외식업의 다양화를 통한 커피전문점의 활성화를 꽤하고 있으나 국내포화로 인한 도산위기, 해외진출의 판로가 절실	• 첫손님가게(2013년2월) -기부문화의 정착 • 공생과 상생의 기로 • 대기업의 골목상권진출 금지 등
2020년	• 프랜차이즈를 중심으로 한 한류 K-Food 확산 • 해외 진출 본격화 • 맛, 웰빙, 디테일이 주도 • 성장 정체	• 놀부 NBG • 치킨 브랜드 • CJ 푸드빌 해외 100호점(2012) • 파리바게트(2015년 해외 200호점 개설)

〈표 17〉 국내 프랜차이즈 산업의 변천사

시대별	구분	주요 브랜드 및 이슈
1970년대	**태동기** • 프랜차이즈 산업모델 국내 첫선 • 기업형 프랜차이즈 탄생	• 1977년 림스치킨 • 1979년 7월 국내 프랜차이즈 1호점 난다랑(동숭동) • 1979년 10월 롯데리아 소공동
1980년대	**도입 및 성장기** • 패스트푸드 도입에 따라 대기업 외식업진출 • 해외 패스트푸드 프랜차이즈 국내 진출 • 한식 프랜차이즈시작 (놀부보쌈/송가네왕족발/ 감미옥 등) • 88서울 올림픽 개최	• 1982년 페리카나 • 1983년 장터국수 • 1984년 KFC/버거킹/웬디스 • 1985년 피자헛/피자인/베스킨라빈스 • 1986년 파리바게트 • 1987년 투다리 • 1988년 코코스 • 1989년 도미노피자/놀부/멕시카나
1990년대	**성숙기** • 국내 프랜차이즈 기반 구축 • 국내 최초 패밀리 레스토랑 개념 도입 • 1988년 외환위기 • 1989년 (사)한국 프랜차이즈산업협회 설립	• 1990년 미스터피자 • 1991년 원할머니보쌈/교촌치킨 • 1992년 맥도날드/TGIF 사업개시 • 1993년 한솔도시락/미다래/파파이스 • 1994년 데니스/던킨도너츠 • 1995년 베니건스/토니로마스/씨즐러/ BBQ • 1996년 김가네/마르쉐/쇼부 • 1997년 빕스/아웃백스테이크/칠리스/ 우노 • 1998년 쪼끼쪼끼/스타벅스/코바코 • 1999년 BBQ 국내 최초 가맹점 1000호점 달성 • 1999년 (사)한국프랜차이즈협회 설립인가

시대별	구분	주요 브랜드 및 이슈
2000년대	해외진출 초창기 일부 업종 포화기 • 국내 외식브랜드 중국, 일본 등 해외진출 가속화 2002년 한일 월드컵 개최 • 치킨프랜차이즈 붐업	• 2000년 미소야, 투다리 중국 청도 진출 • 2001년 퀴즈노스/매드포갈릭/사보텐/파스쿠찌 • 2002년 파파존스/본죽, 분쟁조정협의회 설치 • 2003년 프레쉬니스버그/명인만두/피쉬앤그릴/BBQ 중국 진출 • 2004년 크리스피크림도넛 • 2005년 뚜레쥬르 중국 진출 • 2006년 토다이, 놀부 일본 진출 • 2007년 BBQ 싱가포르 진출
2010년대	저성장기 해외진출 가속화 • 식재료 수급 불안정 • 해외진출 가속화 • 외식업관련 법과 제도 정비 • 중소기업 적합업종 선정 • 대기업 빵집 사업 철수 • 공정위 모범거래기준안 발표 • 가맹사업법 추진 • 음식점 금연구역 전면시행(2015) • 디저트 업종 활성화 • 일본, 유럽 등 해외디저트브랜드 도입 활발 • 소프트아이스크림, 팥빙수, 츄러스 등 브랜드 활성화	• 2010년 채선당 인도네시아 진출 • 2012년 파리바게뜨 중국 100호점, CJ푸드빌 해외 100호점 • 2011년 놀부 NBG, 美 모건스탠리PE에 지분 매각, 제스터스, 잠바주스, 망고식스 • 2012년 베코와플, 투뿔등심, 와플트리, 모스버거 • 2013년 바르다김선생, 고봉민김밥, 설빙, 깐부치킨, 이옥녀팥집, 족발중심, 미스터시래기, 고디바, 소프트리 • 2014년 자연별곡, 올반, 계절밥상 등 한식뷔페 • 2015년 11월 미스터 피자 중국 100호점 출점 • 2015년 12월 파리바게트 해외 200호점

〈표 18〉 시대별 외식브랜드(메뉴)콘셉트의 변화추이

메뉴	시대	외식 브랜드
햄버거	1980~1985	롯데리아, 아메리카나, 빅웨이
면류	1986~1988	장터국수, 다림방, 다전국수, 민속마당, 국시리아, 참새방앗간
양념치킨	1988~1990	페리카나, 처갓집, 림스치킨
보쌈	1990~1992	놀부보쌈, 촌집보쌈, 할매보쌈
우동		언가, 천수, 나오미, 기소야
신개념퓨전 레스토랑		(피자, 햄버거, 아이스크림, 통닭 등 모두 판매) 굿후렌드, 코넬리아, 아톰플라자, 해피타임
쇠고기뷔페	1992~1993	엉클리 외
커피		쟈뎅, 미스터커피, 왈츠, 브레머
피자	1993~1994	시카고피자, 피자헛, 도미노피자
피자뷔페	1994~1996	베네벤토, 아마또, 오케이, 베니토, 카이노스
탕수육		탕수 탕수 외
김밥		종로김밥, 김가네김밥, 압구정김밥
조개구이	1996~1997	조개굽는 마을, 미스조개 열받네, 바다이야기, 조개부인 바람났네
칼국수		봉창이해물칼국수, 유가네칼국수, 우리밀칼국수
북한음식		모란각, 통일의 집, 고향랭면, 발용각, 진달래각
요리주점	1997~1999	투다리, 칸, 천하일품, 대길, 기린비어페스타

메뉴	시대	외식 브랜드
찜닭	1999~2001	봉추찜닭, 고수찜닭, 계백찜닭
참치		참치명가, 동신참치, 동원참치
에스프레소 커피		할리스, 커피빈, 프라우스타, 이디야
돈가스		라꾸라꾸, 하루야, 패밀리언
생맥주		쪼끼쪼끼, 해피리아, 블랙쪼끼, 비어캐빈
아이스크림	2001~2003	레드망고, 아이스베리
회전초밥		스시히로바, 사까나야, 기요스시
하우스맥주		오키스브로이하우스, 플래티늄, 도이치브로이하우스
불닭	2004~2005	홍초불닭, 화계, 땡초불닭
퓨전 오므라이스		오므토토마토, 오므라이스테이, 오므스위트, 에그몽
중저가 샤브샤브		정성본, 채선당, 어바웃샤브
베트남 쌀국수		호아빈, 포베이, 포메인, 포타이

메뉴	시대	외식 브랜드
해물떡찜	2006~2007	해물떡찜0410, 크레이지페퍼, 홍가네해물떡찜
정육형 고깃집	2006~2007	다하누촌, 산외한우마을
저가 쇠고기		아지매, 우스, 꽁돈, 우쌈, 우마루, 행복한 우담
국수	2008~2009	(비빔국수, 잔치국수)망향비빔국수, 명동할머니국수, 산두리비빔국수, 닐니리맘보
일본라멘		하코야, 멘쿠샤, 라멘만땅, 이찌멘
카페	2008~2013	스타벅스, 카페베네, 파리바게뜨
떡볶이	2011~2012	아딸, 죠스, 국대, 동대문엽기떡볶이
샐러드, 집밥	2013~2014	샐러드뷔페, 계절밥상, 자연별곡
디저트카페	2015~2017	몽슈슈, 초코렛바, 빙수 등 디저트

⟨표 19⟩ 업종별 음식점업 현황(2015년 기준)

분류		업체수		종사자수	
		(개)	%	(명)	%
음식점업	한식점업	299,477	65.1	841,125	59.9
	한식점 제외한 총합	159,775	34.9	562,513	40.1
	중국 음식점업	21,503	4.7	76,608	5.5
	일본 음식점업	7,466	1.6	33,400	2.4
	서양 음식점업	9,954	2.2	67,279	4.8
	기타 외국식 음식점업	1,588	0.3	8,268	0.6
	기관 구내 식당업	7,830	1.7	48,000	3.4
	출장 및 이동 음식업	511	0.1	2,620	0.2
	기타 음식점업	110,923	24.2	326,338	23.2
	소계	459,252	100.0	1,403,638	100.0
주점 및 비알콜 음료점업		176,488		420,576	
음식점업(합계)		635,740		1,824,214	

〈표 20〉 사업장 면적규모별 음식점 분포도(2015년 기준)

사업장 면적규모		음식점수(개)	(%)
30㎡ 미만	(9.3평)	75,977	12.0
30㎡~50㎡	(9.3평~15.4평)	131,003	20.6
50㎡~100㎡	(15.4평~30.9평)	271,277	42.7
100㎡~300㎡	(30.9평~92.6평)	135,299	21.3
300㎡~1,000㎡	(92.6평~302.5평)	19,856	3.1
1,000㎡~3,000㎡	(302.5평~907.5평)	2,057	0.3
3,000㎡	(907.5평)	271	0.1
합 계		635,740	100.0

〈표 21〉 종사자 규모별 음식점(주점업포함)

(2015년 기준)

종사자규모	음식점수(개)	(%)	종사자수(명)	(%)
1~4명	559,338	88.0	1,170,619	64.2
5~9명	61,176	9.6	375,014	20.6
10~19명	11,685	1.8	147,249	8.0
20명 이상	3,541	0.6	131,332	7.2
합계	635,740	100.0	1,824,214	100.0

〈표 22〉 년 매출규모별 음식점 및 종사원 분포도

(2015년 기준)

매출규모	음식점수(개)	(%)	종사원수(명)	(%)
50 만원 미만	156,598	34.1	282,449	20.2
50~100만원	150,523	32.8	347,310	24.7
100~500만원	132,474	28.8	503,483	365.9
500~1000만원	15,862	3.4	152,236	10.8
1000만원 이상	4,294	0.9	118,160	8.4
합계	459,252	100.0	1,403,638	100.0

〈표 23〉 음식점업 시도별 현황(2015)

구분	사업체수	사업체수 비중	종사자수	매출액	업체당 매출액	1인당 매출액
전국	635.7	100	1,824.2	79,579.6	125.1	43.6
서울	116.8	18.4	409.1	19,559.5	167.4	47.8
부산	47.1	7.4	135.7	5,921.2	125.6	43.6
대구	31.4	4.9	84.8	3,513.7	112.0	41.5
인천	29.8	4.7	85.1	3,845.9	128.9	45.2
광주	17.1	2.7	50.3	2,163.1	126.3	43.0
대전	18.3	2.9	54.2	2,559.1	140.0	47.2
울산	16.1	2.5	42.9	2,043.7	126.9	47.6
세종	1.6	0.2	4.1	185.2	116.7	44.7
경기	126.7	19.9	387.3	17,754.4	140.1	45.8
강원	29	4.6	68.8	2,521.8	86.9	36.7
충북	22.7	3.6	56.4	2,227.0	98.0	39.5
충남	28.2	4.4	71.8	3,056.2	108.3	42.6
전북	22.7	3.6	60.2	2,202.3	96.9	36.6
전남	25.6	4.0	60.7	2,262.0	88.5	37.3
경북	41.8	6.6	95.6	3,788.9	90.6	39.6
경남	49.9	7.8	125.4	4,906.1	98.3	39.1
제주	10.8	1.7	31.7	1,039.6	96.5	32.8

〈표 24〉 프랜차이즈 산업 주요 3개국 현황

구분	한국(2015년)	일본(2012년)	미국(2010년)
가맹본부 수	3,482	1,281	2,300
가맹점 수	207,068	240,000	767,000
매출액(년)	약 102조	약 22조 287억 엔	1조 달러
고용인원	124만	200~300만	1,740만
외식업 비중	본부 72% 가맹점 44%	외식업 17.5% (매출기준) 외식업 41.8% (본부기준)	외식업 42% 패스트푸드 31%

〈표 25〉 외식 프랜차이즈 현황

구분	외식가맹 본부 수	전체가맹 본부 수	외식가맹점 수	전체가맹점 수
2011	1,309(64%)	2,042	60,268(40.5%)	148,719
2012	1,598(66.4%)	2,405	68,068(39.8%)	170,926
2013	1,810(67.5%)	2,678	72,903(41.3%)	176,788
2014	2,089(70.3%)	2,973	84,046(44.1%)	190,730
2015	2,251(72.4%)	3,482	88,953(45.8%)	194,199

〈표 26〉 국내 프랜차이즈 현황(2015 기준)

가맹본부	가맹점
외식업 72%	외식업 46%
서비스업 19%	서비스업 31%
도·소매업 9%	도·소매업 23%

〈표 27〉 국내 프랜차이즈 현황(2015 기준)

년도	가맹본부 수	가맹브랜드 수	직영점 수	가맹점 수
2010년	2,042	2,550	9,477	148,719
2015년	3,482	4,288	12,869	194,199

〈표 28〉 국내 프랜차이즈 업종별 브랜드 수(단위:개)

년도	전체	외식업	서비스업	도소매업
2011년	2,947	1,942	593	392
2012년	3,311	2,246	631	434
2013년	3,691	2,263	743	325
2014년	4,288	3,142	793	353

⟨표 29⟩ 국내 외식 프랜차이즈 가맹점 수(단위:개)

치킨	한식	주점	피자·햄버거
22,529	20,119	10,934	8,542
커피전문점	**제빵·제과**	**분식·김밥**	**일식·서양식**
8,456	8,247	6,413	2,520

⟨표 30⟩ 외식 업종별 신생률(단위:%)

업종	수도권				비수도권
	서울	인천	경기	평균	
한식음식점	7.6	8.1	7.9	**7.8**	7.1
중식음식점	7.5	5.4	8.4	**7.7**	5.3
일식음식점	10.7	6.5	11.1	**10.5**	9.0
경양식음식점	9.9	13.6	11.8	**10.6**	10.8
패스트푸드점	9.4	10.9	12.1	**10.8**	13.4
치킨전문점	10.2	10.8	10.7	**10.5**	10.9
분식음식점	6.4	11.5	11.3	**8.5**	9.9
주점	9.6	8.4	10.2	**9.7**	8.0
커피숍	20.7	22.1	24.7	**22.5**	20.0

〈표 31〉 업종별 활동업체수 증감률(단위:%)

업종	수도권				비수도권
	서울	인천	경기	평균	
한식음식점	-1.3	-0.5	-1.1	-1.1	-0.4
중식음식점	0.1	-2.1	0.2	-0.1	-1.6
일식음식점	3.3	0.6	3.4	3.1	3.3
경양식음식점	1.6	5.7	3.5	2.3	2.0
패스트푸드점	-0.7	4.0	5.3	2.4	7.0
치킨전문점	1.4	0.9	2.9	2.1	3.8
분식음식점	-3.4	0.7	1.4	-1.4	1.9
주점	-0.3	0.2	0.9	0.3	1.2
커피숍	15.1	20.8	20.7	18.0	13.1

〈표 32〉 업종별 5년 생존율(단위:%)

업종	수도권				비수도권
	서울	인천	경기	평균	
한식음식점	55.4	57.0	56.4	56.0	61.7
중식음식점	63.5	69.6	61.4	63.1	72.2
일식음식점	59.5	50.0	57.3	58.2	68.0
경양식음식점	61.4	48.7	59.3	60.5	61.2
패스트푸드점	53.0	69.4	60.4	58.2	63.9
치킨전문점	61.9	54.7	59.8	60.0	63.4
분식음식점	49.9	54.0	49.8	50.4	58.0
주점	59.0	63.9	58.2	59.1	65.7
커피숍	57.4	64.8	48.7	54.5	51.6

〈표 33〉 수도권 업종별 생존기간 10년 미만 비율

업종	수도권(%)				비수도권(%)
	서울	인천	경기	평균	
한식음식점	53.9	50.4	56.7	**54.9**	45.9
중식음식점	47.3	45.2	53.7	**49.9**	37.5
일식음식점	63.5	46.4	62.2	**61.7**	54.0
경양식음식점	59.4	64.5	64.7	**61.2**	56.7
패스트푸드점	78.2	73.8	69.4	**73.7**	62.6
치킨전문점	68.5	69.7	71.6	**70.3**	66.5
분식음식점	43.6	65.7	64.3	**52.7**	57.0
주점	58.8	52.0	61.3	**59.1**	55.3
커피숍	86.5	76.2	84.4	**84.5**	70.3

〈표 34〉 업종별 상주인구기준 포화도 상위 지역

업종	서울	인천	경기
한식음식점	중구(3.6)	옹진군(2.1)	가평군(3.5)
중식음식점	중구(3.5)	중구(2.3)	가평군(2.8)
일식음식점	중구(3.8)	강화군(1.9)	평택시(2.9)
경양식음식점	종로구(2.9)	중구(2.0)	포천시(3.0)
패스트푸드점	강남구(4.7)	중구(1.5)	가평군(3.6)
치킨전문점	중구(2.4)	동구(1.6)	연천군(2.7)
분식음식점	종로구(3.3)	동구(1.9)	연천군(4.0)
주점	마포구(2.4)	부평구(1.3)	구리시(2.5)
커피숍	중구(3.9)	강화군(1.8)	연천군(3.2)

〈표 35〉 2015년 활동업체 현황(단위:개,%)

| | | 전국 | 수도권 | | | | 비수도권 |
			서울	인천	경기	평균	
한식 음식점	개수	289,358	53,092	11,408	58,235	**122,735**	166,623
	증감	-2,015	-680	-56	-623	**-1,359**	-656
	증감률	-0.7	-1.3	-0.5	-1.1	**-1.1**	-0.4
중식 음식점	개수	21,428	4,030	999	3,970	**8,999**	12,429
	증감	-218	4	-21	6	**-11**	-207
	증감률	-1.0	0.1	-2.1	0.2	**-0.1**	-1.6
일식 음식점	개수	12,784	4,844	645	2,499	**7,988**	4,796
	증감	394	155	4	82	**241**	153
	증감률	3.2	3.3	0.6	3.4	**3.1**	3.3
경양식 음식점	개수	27,023	9,463	575	4,141	**14,179**	12,844
	증감	568	148	31	139	**318**	250
	증감률	2.1	1.6	5.7	3.5	**2.3**	2.0
패스트 푸드점	개수	8,283	1,738	366	1,837	**3,941**	4,342
	증감	378	-13	14	93	**94**	284
	증감률	4.8	-0.7	4.0	5.3	**2.4**	7.0
치킨 전문점	개수	36,895	5,745	1,987	8,966	**16,698**	20,197
	증감	1,085	80	18	250	**348**	737
	증감률	3.0	1.4	0.9	2.9	**2.1**	3.8
분식 음식점	개수	41,454	12,075	2,094	7,171	**21,340**	20,114
	증감	73	-423	15	102	**-306**	379
	증감률	0.2	-3.4	0.7	1.4	**-1.4**	1.9
주점	개수	65,775	12,396	3,908	13,941	**30,245**	35,530
	증감	512	-39	6	120	**87**	425
	증감률	0.2	-0.3	0.2	0.9	**0.3**	1.2
커피숍	개수	50,270	11,055	2,446	9,712	**23,213**	27,057
	증감	6,666	1,453	421	1,664	**3,538**	3,128
	증감률	15.3	15.1	20.8	20.7	**18.0**	13.1

〈표 36〉 국내 주요 50개 외식업체 2016년 실적

	법인명	대표브랜드	매출액		
			2016년	증감률	2015년
1	파리크라상	파리바게뜨	1,777,178,739,028	2.86%	1,727,743,711,101
2	CJ푸드빌	빕스	1,250,423,221,494	3.66%	1,206,274,856,583
3	스타벅스코리아	스타벅스	1,002,814,318,251	29.58%	773,900,207,510
4	롯데GRS	롯데리아	948,881,502,698	-1.17%	960,107,706,719
5	이랜드파크	애슐리	805,448,929,846	11.06%	725,259,064,288
6	농협목우촌	또래오래	539,706,247,053	06.05%	574,447,698,787
7	비알코리아	던킨도너츠	508,589,410,709	-2.24%	520,244,187,126
8	교촌에프앤비	교촌치킨	291,134,570,511	13.03%	257,568,343,023
9	비케이알	버거킹	253,165,340,964	-9.10%	278,519,490,955
10	제너시스BBQ	BBQ	219,753,548,128	1.80%	215,859,733,466
11	청오디피케이	도미노피자	210,258,669,230	7.61%	195,397,386,682
12	해마로푸드서비스	맘스터치	201,871,094,029	35.82%	148,630,305,769
13	에스알에스코리아	KFC	177,025,154,533	1.32%	174,724,909,649
14	더본코리아	새마을식당	174,871,404,102	41.18%	123,861,782,375
15	본아이에프	본죽	161,915,426,742	12.99%	143,298,606,904
16	이디야	이디야커피	153,544,611,986	13.30%	135,521,376,709
17	지앤푸드	굽네치킨	146,963,838,585	49.35%	98,403,070,608
18	커피빈코리아	커피빈	146,020,774,483	5.10%	138,938,692,307
19	할리스에프앤비	할리스커피	128,620,870,080	18.45%	108,584,230,041
20	놀부	놀부부대찌개	120,371,880,274	0.61%	119,644,883,536
21	엠피그룹	미스터피자	97,057,713,543	-12.03%	110,334,442,101
22	한솥	한솥도시락	93,450,170,833	8.69%	85,977,883,670
23	탐앤탐스	탐앤탐스	86,904,811,559	-2.09%	88,763,650,721
24	아모제푸드	카페아모제	77,709,476,186	-10.79%	87,021,856,784
25	카페베네	카페베네	76,579,195,280	-30.45%	110,110,201,113
26	토다이코리아	토다이	75,712,432,549	1.81%	74,366,111,820
27	원앤원	원할머니보쌈	75,335,571,616	-1.76%	76,685,431,644
28	디딤	신마포갈매기	65,752,103,510	6.20%	61,915,832,179
29	엔티스	경복궁	64,214,566,518	0.04%	64,191,883,374
30	전한	강강술래	62,605,427,065	16.76%	53,617,791,947

	법인명	대표브랜드	영업이익		
			2016년	증감률	2015년
1	파리크라상	파리바게뜨	66,466,341,645	-2.83%	68,401,992,788
2	CJ푸드빌	빕스	7,612,835,874	-27.61%	10,515,825,667
3	스타벅스코리아	스타벅스	85,263,869,944	80.87%	47,141,285,776
4	롯데GRS	롯데리아	19,265,680,668	43.52%	13,423,529,274
5	이랜드파크	애슐리	-13,042,395,296	적자지속	-18,567,855,117
6	농협목우촌	또래오래	2,388,904,185	-43.58%	4,234,412,263
7	비알코리아	던킨도너츠	40,507,512,902	-21.78%	51,789,190,475
8	교촌에프앤비	교촌치킨	17,697,273,857	16.81%	15,150,420,135
9	비케이알	버거킹	10,753,419,177	-11.41%	12,138,378,984
10	제너시스BBQ	BBQ	19,119,575,719	37.65%	13,889,867,948
11	청오디피케이	도미노피자	26,148,974,238	14.85%	22,763,349,909
12	해마로푸드서비스	맘스터치	17,257,002,377	93.95%	8,897,630,011
13	에스알에스코리아	KFC	-12,262,188,782	적자전환	2,519,865,023
14	더본코리아	새마을식당	19,762,485,462	80.08%	10,974,482,886
15	본아이에프	본죽	9,643,020,060	108.54%	4,624,133,933
16	이디야	이디야커피	15,785,054,983	-3.36%	16,333,174,813
17	지앤푸드	굽네치킨	14,074,334,840	150.02%	5,629,268,870
18	커피빈코리아	커피빈	6,415,508,347	63.97%	3,912,507,369
19	할리스에프앤비	할리스커피	12,733,558,418	85.71%	6,856,590,390
20	놀부	놀부부대찌개	4,471,311,917	71.67%	2,604,572,263
21	엠피그룹	미스터피자	-8,906,726,136	적자지속	-7,258,907,426
22	한솔	한솔도시락	7,537,969,650	-3.90%	7,844,235,483
23	탐앤탐스	탐앤탐스	2,361,398,129	-46.33%	4,399,702,445
24	아모제푸드	카페아모제	-691,750,183	적자지속	-514,452,289
25	카페베네	카페베네	-554,827,454	적자지속	-4,381,991,762
26	토다이코리아	토다이	1,890,163,061	-34.38%	2,880,632,811
27	원앤원	원할머니보쌈	1,906,415,161	28.04%	1,488,921,918
28	디딤	신마포갈매기	5,531,547,756	109.18%	2,644,406,000
29	엔티스	경복궁	3,495,529,796	6.93%	3,268,846,170
30	전한	강강술래	6,253,723,716	156.51%	2,438,038,325

	법인명	대표브랜드	당기순이익		
			2016년	증감률	2015년
1	파리크라상	파리바게뜨	55,101,759,875	6.56%	51,707,226,710
2	CJ푸드빌	빕스	5,213,030,763	흑자전환	-7,399,515,626
3	스타벅스코리아	스타벅스	65,250,646,249	130.68%	28,286,458,919
4	롯데GRS	롯데리아	-11,328,471,862	적자지속	-57,188,774,814
5	이랜드파크	애슐리	-80,415,701,255	적자전환	3,259,340,450
6	농협목우촌	또래오래	176,061,903	-96.06%	4,474,241,678
7	비알코리아	던킨도너츠	35,748,612,156	-17.04%	43,090,305,701
8	교촌에프앤비	교촌치킨	10,333,269,262	48.13%	6,975,624,101
9	비케이알	버거킹	8,041,478,568	-6.98%	8,644,484,103
10	제너시스BBQ	BBQ	5,622,355,657	-25.79%	7,575,978,570
11	청오디피케이	도미노피자	20,886,060,816	15.86%	18,027,199,494
12	해마로푸드서비스	맘스터치	9,295,865,326	52.53%	6,094,487,395
13	에스알에스코리아	KFC	-18,989,243,531	적자전환	1,239,410,933
14	더본코리아	새마을식당	19,246,938,573	176.53%	6,960,110,664
15	본아이에프	본죽	6,541,937,183	666.68%	853,282,435
16	이디야	이디야커피	11,157,627,325	-14.73%	13,085,209,896
17	지앤푸드	굽네치킨	9,051,485,230	98.68%	4,555,730,841
18	커피빈코리아	커피빈	4,274,213,864	68.04%	2,543,614,329
19	할리스에프앤비	할리스커피	9,112,688,828	97.97%	4,603,109,833
20	놀부	놀부부대찌개	34,729,365	흑자전환	-1,185,695,358
21	엠피그룹	미스터피자	-13,169,290,522	적자지속	-5,685,686,269
22	한솔	한솔도시락	5,937,412,411	-6.94%	6,379,860,772
23	탐앤탐스	탐앤탐스	-2,700,843,324	적자전환	1,006,075,983
24	아모제푸드	카페아모제	-2,894,719,809	적자지속	-2,831,863,842
25	카페베네	카페베네	-24,199,662,544	적자지속	-33,998,615,819
26	토다이코리아	토다이	-302,769,030	적자전환	60,192,423
27	원앤원	원할머니보쌈	1,050,809,166	-46.68%	1,970,922,444
28	디딤	신마포갈매기	3,882,856,783	206.73%	1,265,883,943
29	엔티스	경복궁	870,450,996	62.51%	535,619,685
30	전한	강강술래	4,044,752,337	204.26%	1,329,361,651

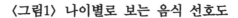

〈그림1〉 나이별로 보는 음식 선호도

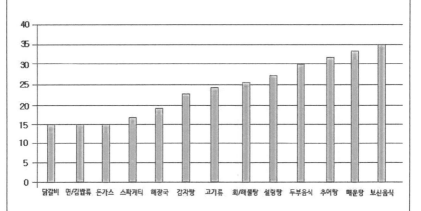

〈표 37〉 외식장소 선택기준

연도	식당 선택기준
1985년	가격, 맛, 위생
1990년	맛, 청결, 가격
1995년	맛(87.1%), 서비스(4.6%), 분위기(4.4%)
2000년	맛(77%), 서비스(37.4%), 분위기(32.7%)
2005년	맛(72.3%), 가격(15.5%), 양(4.4%)
2010년	맛(71.2%), 분위기(10.2%), 교통(8.4%)
2015년	맛(82.6%), 분위기(25.2%), 교통(21.3%)
2017년	맛(77.3%), 분위기(7.1%), 가까운 위치와 교통(6.8%)

〈표 38〉 상권별 특징

구분	특징
오피스	- 말, 저녁 공백. - 직장인 상권의 경우 짧은 이동을 선호하는 경향이 강하여 어디에 입지하는가가 중요함. - 따라서 오피스 이면 유동인구가 많은 곳이 상대적으로 유리. - 직장인을 목표시장으로 하는 만큼 규모를 크게 하고 현대화된 환경으로 창업하는 것이 유리.
역세권	- 영업시간이 상대적으로 길고 자영업자의 피로도가 큼. - 24시간 성황, 주말 유입인구가 크고 업종이 다양하며 유흥성향이 상대적으로 강한 상권 곱창전문점은 B급지에 입지하는 것이 적당,
대학가	- 찾아다니며 소비하는 성향이 강해 상권이 넓게 형성. 따라서 입지 선택의 여건이 상대적으로 양호.
주택가	- 평일 공백 - 가족단위 소비자를 유입할 수 있는 환경을 구축하는 것이 필요
전문 쇼핑가	- 업종별 군집형태로 상권 발달 - 쇼핑가 자영업자를 목표시장으로 전문상가 인근에 입지

〈표 39〉 보쌈전문점 최적의 상권입지

적합상권 유형	장 · 단점	
제1후보지 주택가 진입로변상권	장 점	보쌈전문점 주 수요층의 접근성이 좋은 대단 위 주택가 진입로 변 1층 매장이 가장 적합 하다.
	단 점	주택가 상권의 경우 직장인 수가 적다. 점심 매출이 기대만큼 나오지 않을 수 있다.
제2후보지 아파트 주거지역	장 점	거주밀집지역의 틈새상권도 좋다. 배달을 전 문으로 하는 소규모 업체라면 적극 추천한다.
	단 점	틈새 입지개발이 쉬운 일이 아닌 만큼 단골 을 만들기 위한 노력이 필요하다.
제3후보지 역세권, 오피스밀집 상권	장 점	직장인 유동인구가 많은 역세권이나 오피스 밀집상권, 먹자상권은 어떤 아이템이 들어가 도 반은 먹고 들어갈 수 있다.
	단 점	보증금, 월세, 권리금이 높아 매출은 높으나 수익성이 떨어질 수 있다.

〈표 40〉 장어전문점의 최적 상권입지

제1후보지 사무실 밀집지역 및 도심 오피스상권 먹자골목		제2후보지 도심외곽 관광지 및 강변상권		제3후보지 주택가로 이어지는 대로변	
장점	단점	장점	단점	장점	단점
주택가 상권보다는 관공서 주변상권과 회식 수요가 있는 사무실 밀집지역이 적합하다. 30~50대 남성들의 분포가 많은 지역이라 장어의 수요가 많다.	직장인들을 대상으로 하는 저렴한 가격의 점심 메뉴를 개발해야 한다. 주5일 근무로 주말 매출이 저조할 수 있다.	장어 전문점은 보양식품이라는 인식이 크기 때문에 도심 한가운데 보다는 외곽지역에서 장어를 찾는 사람들이 많다. 임진강 일대, 고창 선운사 일대, 남양주 운길산역 일대가 장어 타운이 형성된 이유다.	주말고객층과 평일고객층의 편차가 크다는 점이다. 수도권 상권의 경우 평일 접근성이 높은 지역 선정이 중요하다.	장어전문점 특성상 주택가 진입로 대로변 매장이 관건이다. 눈에 띄는 입지가 목적 구매고객을 공략할 수 있다.	평일 낮 매출을 담보하기 어렵다. 주부들의 계모임이나 동네의 크고 작은 행사를 유치하는 등 매출 증대를 위한 전략을 세울 필요가 있다.

〈표 41〉 갈비 전문점의 최적의 상권입지

적합상권 유형		장·단점
제1후보지 (대단위 아파트 상권 내 외식상권)	장점	갈비 전문점의 주 수요층이라고 할 수 있는 주부·가족단위고객을 공략하는 데는 1만 세대 이상이 거주하는 아파트상권이 적합하다
	단점	아파트상권의 경우 분양가 거품으로 인해 점포임대가가 높기 때문에 자칫 투자 수익률이 떨어질 수 있는 위험성이 있다.
제2후보지 (주택가상권 대로변 입지)	장점	갈비 전문점은 대형화 전문화 바람을 타고 있는 아이템이다. 가시성과 접근성이 좋은 주택가 상권 진입로 대로변을 추천한다. 대형매장을 공략한다면 지역의 랜드마크 역할을 하면서 안정 수익을 확보할 수 있다.
	단점	대형 매장의 경우 점포구입비와 점포 시설투자비가 높다. 초기투자 비용이 상당하므로 쉽사리 진행하기 어렵다.
제3후보지 (역세상권 내 먹자골목)	장점	지속적인 안정 수요층을 확보하는 데는 역세상권의 먹자골목도 나쁘지 않다.
	단점	먹자골독 내의 경쟁점포가 많기 때문에 자칫 먹자골목 경쟁우위를 점유하지 못한다면 상권 내 경쟁구도에서 밀려날 수 있는 위험성이 높다.

〈표 42〉 닭갈비 전문점, 대학가·먹자골목 최적의 상권 입지

적합상권 유형		장·단점
제1후보지 (지하철역 인근 먹자골목)	장점	지하철역 인근 먹자골목이나 중심상가 이면도로는 닭갈비 전문점의 최적 입지다. 내부가 들여다보이는 1층 매장이면 더욱 좋다. 우선 유동인구가 많고, 저녁모임이 많이 이루어지는 곳이라 소모임이나 회식수요가 많다.
	단점	주 영업시간이 밤이기 때문에 늦은 시간까지 영업을 해야 한다. 체력이 뒷받침되지 않으면 운영에 차질을 빚을 수 있다.
제2후보지 (대학가 주변)	장점	닭갈비에 대한 선호도가 가장 높은 계층이 모이는 지역이다. 맛과 서비스에 관리를 잘하면 단골손님 확보가 용이하다.
	단점	점포 구입단계에서 투자비용이 높다. 물건을 구하기도 쉽지 않다. 어설프게 접근하면 손해만 볼 확률이 높다.
제3후보지) (사무실주변 유동인구 많은 곳)	장점	직장인들의 모임 장소로 콘셉트를 잡는 게 중요하다. 점심메뉴를 개발해 점심영업을 기대 할 수 있다.
	단점	주말 매출을 기대하기 어렵다. 저녁 매출이 중요한 업종이지만, 퇴근시간대 매출이 생각만큼 나오지 않을 가능성도 있다.

관통도로와 교통량에 따른 매출

관통도로란 시 경계선에서 시내와 시외를 연결하는 주요 도로를 말한다. 적은 자본으로 음식 장사로 한몫 잡고 싶다면 이들 관통도로의 교통량을 분석하는 것이 좋다. 국내에는 도시 크기가 매우 크고 근처에 거대 위성 도시를 끼고 있어도 관통도로에 하루 20만대가 넘는 교통량을 보이는 지역이 없다. 그럼 관통 도로의 교통량이 대강 어느 정도이면 음식점의 장사가 잘되는 것일까?

교통량이 많이 발생하는 관통 도로에는 도로를 따라 여러 개의 핵심 상권이 자생하고 있다. 음식점을 이 핵심 상권에 입점시키는 것도 좋은 방법이지만 건물 임대료가 비싸다. 이럴 경우에는 교통량을 믿고 대로변에 음식점을 입점시키는 것도 생각해볼 만하다. 남태령 고개를 예로 들어보면, 남태령 고개는 경기도 과천과 서울 사당동을 연결하는 고개 이름이다. 이 고개를 따라 서울 방향으로 발전한 상권이 사당동 역세권이다. 그 밑으로는 방배동 상권이 있다. 예전에는 시계를 연결하는 단순한 도로에 불과했으나 서울 외곽에서 서울 시내로 출퇴근하는 사람들이 많아지면서 사당동은 대형 상권으로 발전하였다.

관통 도로와 같은 대로변에 음식점을 입점시킬 때는 하루 평균 5만 대 정도의 교통량이 발생하는 도로로 생각해볼 만하다. 5만 대 수준이면 대강 맛이 있거나 분위기가 있는 요식업소라면 매출이 일정 이상으로 발생한다.

그렇다면 교통량 계산은 어떻게 하나? 어떤 한 지점의 교통량은 일반적으로 출근이 시작되는 아침 7시를 전후로 해서 늘어나기 시작한 뒤 8시부터 9시 사이가 그날의 최고 피크 타임이 된다. 그런 뒤 교통량이 일정 수준으로 계속 유지되다가 오후 퇴근 시간이 되자 교통량이 다소 늘어났다가 새벽 1시면 현저하게 줄어든다는 공통점이 있다.

즉 아침 9시대에 피크를 이루고 점심을 전후로 약간씩 줄어들었다가 저녁 퇴근 시간대에 다시 피크를 이룬 뒤 새벽 1시까지 천천히 감소하다가 새벽 1시를 넘으면 현저하게 줄어든다. 이로 인해 아침 피크 시간대의 교통량과 교통량이 제일 적은 새벽 4시경의 교통량은 3배에서 5배 정도의 차이가 발생한다.

교통량 조사 방식

관통 도로에서의 교통량은 오전(07~09시), 점심(11~14시), 퇴근 시간(17~19시) 사이에 측정한다. 새벽 1시부터 아침 7시까지의 교통량은 피크 타임의 3분의 1로 계산한 후 평균을 잡으면 하루 교통량의 윤곽이 대강 잡힌다.

일반적으로 주거 지역에서는 21시~23시 사이에 교통량이 점차 줄어들지만, 심야 영업이 활발한 지역은 21시~23시경에 다소 교통량이 늘어나는 특징을 가지고 있다. 따라서 술집을 창업하려면 그 지역(먹자골목 등)의 밤 21시부터 23시까지의 교통량을 측정하는 것이 좋다. 만일 21시를 기준으로 시간당 교통량의 유입 유출 합계가 3천대 이상이라면 그 지역은 심야 상권이 활발한 지역이라고 볼 수 있다.(밤 9시부터 10시까지 3천대 이상의 유동량을 보이는 도로라면 그 도로는 교통 정체가 상당히 심한 도로라고 말할 수 있다.)

〈표 43〉 서울의 관통 도로 교통량

도로 명	교통량(대)
양재대로	약 13만
시흥대로	약 12만
하일동	약 10만
남태령	약 9만
통일로	약 9만
도봉로	약 7만 9천
망우리	약 7만 7천
복정 검문소	약 6만
서하남	약 6만
서오릉	약 4만

창업할 수 있는 외식업 종목

한정식 전문점/ 산채요리 전문점/나물요리 전문점/ 약선요리 전문점/ 궁중요리 전문점/ 사찰음식 전문점/ 한식당/ 한식배달 전문점/ 생선구이백반 전문점/ 연탄구이백반 전문점/ 우렁된장 전문점/ 대통밥 전문점/ 중화요리 전문점/ 중화요리 뷔페/ 테이크아웃 중화요리 전문점/ 중화요리 패밀리 레스토랑/ 기사식당/ 5,000원 기사식당/ 돼지김치찌개 전문 기사식당/ 해물탕 전문 기사식당/ 연탄구이 기사식당/ 일식집/ 활어횟집/ 장어 전문점/ 초밥 전문점/ 퓨전초밥 전문점/ 회전초밥 전문점/ 일본음식 전문점/ 보쌈 전문점/ 부대찌개 전문점/ 수제 부대찌개 전문점/ 빈대떡 전문점/ 족발 전문점/ 닭갈비 전문점/ 찜닭 전문점/ 바비큐 치킨 전문점/ 통닭 전문점/ 닭볶음탕 전문점/ 삼계탕 전문점/ 죽 전문점/ 덮밥 전문점/ 비빔밥 전문점/ 돌솥밥 전문점/ 가마솥밥 전문점/ 철판볶음밥 전문점

참치회 전문점/ 꽃게탕 전문점/ 해물탕 전문점/ 민물새우 전문점/ 낙지요리 전문점/ 랍스타 전문점/ 조개구이 전문점/ 꼬치구이 전문점/ 밴댕이요리 전문점/ 올갱이국 전문점/ 돼지갈비 전문점/ 삼겹살 전문점/ 생고기 전문점/ 연탄불고기 전문점/ 화로 숯불고기 전문점/ 한우 전문점/ 떡볶이 전문점/분식 전문점/ 만두 전문점/ 즉석김밥 전문점/ 카레요리 전문점/ 수제어묵 전문점/ 수제 햄버거 전문점/ 수제핫도그 전문점/ 호두과자 전문점/ 왕만두 전문점/ 멸치국수 전문점/ 잔치국수 전문점/ 회국수 전문점/ 막국수 전문점/ 우동 전문점/ 라면 전문점/ 칼국수 전문점/ 손칼국수 전문점/ 콩칼국수 전문점/ 바지락 칼국수 전문점/ 수제비 전문점/ 닭수제비 전문점/ 퓨전음식 전문점/ 일식돈가스 전문점/ 바비큐 전문점/ 샤브샤브 전문점/ 버섯요리 전문점/ 두부요리 전문점/ 두루치기 전문점/ 보리밥 전문점/ 쌈밥 전문점/ 떡갈비 한정식 전문점

추어탕 전문점/ 매운탕 전문점/ 동태탕 전문점/ 감자탕 전문점/ 영양탕 전문점/ 오리요리 전문점/ 설렁탕 전문점/ 해장국 전문점/ 뼈다귀 해장국 전문점/ 콩나물 해장국 전문점/ 소해장국 전문점/ 카페/ 락카페/ 북카페/ 룸카페/ 커피숍/ 룸커피숍/ 테이크아웃 커피 전문점/ 보드게임 카페/ 막걸리 전문점/ 연탄불 생선구이 주점/ 일본식 주점/ 퓨전 주점/ 연탄불 안주 주점/ 철판요리 주점/ 포차 주점/ 맥주 전문점/ 세계맥주 전문점/ 호프 전문점/ 소주방/ 단란주점/ 룸살롱/ 노래방/ 비즈니스 바/ 웨스턴 바/ 칵테일 바/ 마술쇼 바/ 모던 바/ 클럽/ 제과점/ 떡 전문점/ 피자 전문점/ 파스타 전문점/ 스파게티 전문점/ 이태리요리 전문점/ 프랑스요리 전문점/ 터키요리 전문점/ 베트남쌀국수 전문점/ 양꼬치 전문점/ 말고기 전문점/ 북한음식 전문점/ 외국음식 전문점/ 패스트푸드/ 패밀리 레스토랑/ 샐러드 레스토랑/ 해물 뷔페/ 고기 뷔페/ 가든형 음식점/ 반찬집/ 1만원 고기안주 주점/ 1만원 해산물안주 주점/ 무한리필 안주 주점/ 무한리필 음식 전문점/ 무한 토핑 주점

〈표 44〉 추정소요자금 계획

과목	금액	비고
1. 매출액	0	서비스매출 + 상품매출
1) 서비스	0	(서비스매출)
2) 상품매출	0	(상품 또는 음식 판매 매출)
2. 매출원가	0	상품의 원가
3. 매출이익	0	매출액 - 매출원가
4. 판매관리비	0	
1) 급료	0	직원급여, 사업자급여
2) 복리후생비	0	직원복리후생, 4대보험, 식대 등
3) 임차료	0	임차료
4) 수도광열비	0	전기세, 수도세, 가스 등
5) 통신료	0	전화, 인터넷, 휴대폰
6) 수수료	0	세무대행료, 신용카드 수수료, 정수기, POS 등
7) 소모품비	0	1회용품, 청소용품, 주방용품
8) 감가상각비	0	취득원가-잔존가치/내용연수
9) 광고비	0	전단지, 홍보비 등
10) 기타경비	0	
5. 영업이익	0	매출이익 - 판매관리비
6. 영업외 비용	0	
1) 지급이자	0	대출금은행이자
7. 영업외 수익	0	이자수익 등
8. 경상이익	0	영업이익 - 영업외비용 + 영업외수익
9. 세전순이익	0	경상이익 - 특별손실 + 특별이익
10. 세금	0	1년 부가가치세, 소득세/12개월
11. 순손익	0	세전순이익 - 순이익

매출액 추정과 투자 수익률 분석
매출액 추정 방법
1개월 동안의 수익 X 12개월 = 적정 권리금
월 매출액
통행인구수 X 내점률 X 1인구매단가(객단가) X 월간 영업일수

〈표 45〉 투자수익률 및 투자회수기간 판단 기준

사업성 판단기준	투자수익률	투자비회수기간
매우 우수	4.3% 이상	2년 이내 회수
우수	3~4.2%	2~3년 회수
보통	2.2~3%	3~4년 회수
불량	2.1% 미만	4년 이상 회수

〈표 46〉 입지 후보지 선정

1	업종(목적)분석	아이템의 소비시간, 소비수준, 소비층, 소비행동, 경쟁점, 보완점을 분석한다.
2	유사업종군집화	소비패턴과 소비특성 등이 유사한 업종을 군집화 한다.
3	1차 지역선정	군집화된 업종의 환경 조사
4	적합도 분석	상권과 업종의 적합도와 경쟁점과 보완점을 조사 한다.
5	2차 후보지선정	적합도가 높으며, 임대조건 등이 좋은 지역 선정
6	변화요인 분석	도시계획, 공급률 등을 조사하여 미래변화요인을 조사한다.
7	타당성 분석	추정손익, 투자대비, 수익률 등 사업타당성을 분석 한다.
8	최종	최종 결정

〈표 47〉 환경 분석(3C 분석)

3c	분석 내용	전략 방향
Customer	- 상권 반경 1km 내 - 배후세대를 주택가로 두고 있는 2종 근린생활 상권 - 30~40대 매니아층, 가족 수요 상존 - 31,500세대, 88,700명(주택 80%)	양질의 제품 확보 정당한 가격 정책
Company	- 기능적 능력의 확보 - 공급자 확보 - 20년 이상 거주로 잠재 수요 확보	제품의 질 유지
Competitor	- 경쟁점포 7개소(곱창 6, 양구이 1) - A급 경쟁점포 1개 - 경쟁점 대비 차별화 요소 약함 - 기존 점포의 고객 충성도 높음	양심의 제품 공급과 마케팅으로 새로운 맛집으로 부상

〈표 48〉 사업 방향의 설정

구분	사업 방향 설정
목표고객	- 상권 내 30~40대 - 배후세대 가족 고객
핵심경쟁력	- 기술적 능력 - 양질의 제품에 대한 지속적인 제공능력
실행방안	- 독산동 내장 도매상과의 협업 - 블로그 운영 - 스토리텔링에 의한 고객충성도 고취
업종현황 및 전망	- 공급이 한정적이고 손질에 어려움이 있는 반면, 매니아층을 중심으로 수요가 꾸준하여 향후 전망 또한 안정적임.

〈표 49〉 시설계획

인테리어 컨셉	-젠 스타일 추구로 유행을 타지 않으면서 안정감 추구 -가족 고객을 위한 편안한 테이블 셋팅 -배연 시설에 중점			
시설 계획	-동선을 고려한 설계 -주방면적, 홀 면적, 테이블 수, 마감재 기재 철거, 목공, 전기, 조명, 마감 계획의 구체화 -간판 디자인			
시설 자금	품명	수량(m²)	3.3m² 당 단가	금액
	인테리어(홀)	66	800,000	16,000,000
	인테리어(주방)	19	400,000	2,000,000
	잡기 비품 등			5,000,000
	간판 외			2,000,000
	합계			25,000,000

〈표 50〉 구매계획

구매전략	-독산동 내장 소매상 2곳 이상 확보 -세금계산서 수취가 가능한 식자재 업체 확보 -결제조건, 반품 조건 등을 명확히 함. -집기 비품 구매 목록표 작성					
	구입품명	구입처	거래조건	연락처	금액	비고
식자재	곱창, 양깃머리 외					
	식자재					
	주류					
집기/비품	주방 용품					
	홀 용품					

〈표 51〉 판매계획

	메뉴명	수량(g)	단가	금액(일)	비고
판매계획	곱창	200	15,454	772,700	부가세 별도
	양깃머리	200	20,000	200,000	
	곱창모듬	200	13,636	272,720	
	염통	200	9,090	45,450	
	간, 천엽		4,545	22,725	
	주류		2,727	149,985	
	합계			1,463,580	

〈표 52〉 원가계획

	원부자재	소요량(일)	구입단가	금액	비고
매출원가	곱창	1보			
	양깃머리	2kg			
	막창	1보			

〈표 53〉 인력 및 인건비 계획

직책	인원	급여	총액	비고
실장(주방/홀)	2	1,600,000	3,200,000	
직원(홀)	2	1,400,000	2,800,000	
보조(주방)	1	800,000	800,000	
합계	5	3,800,000	6,800,000	

〈표 54〉 소요자금 및 조달계획

구분		내역	금액	산출근거
소요자금	시설자금	임차보증금	40,000,000	임대차계약서
		권리금	20,000,000	권리양도계약서
		인테리어비	20,000,000	견적서
		집기 비품	5,000,000	견적서
		소계	85,000,000	
	운영자금	운영자금	25,000,000	매출계획의 약 65%
		소계	25,000,000	
	합계		110,000,000	
조달계획	자기자금	현금/예금	70,000,000	통장
		소계	70,000,000	
	타인자금	은행대출	10,000,000	
		정책자금	30,000,000	창업자금
		소계	40,000,000	
	합계		110,000,000	

〈표 55〉 손익계획

과목	금액		산출근거
1.매출액		39,516,000	매출계획(27일영업일)
2.매출원가		15,806,000	(40%)
3.매출이익		23,710,000	
4.일반관리비		13,875,000	(가~자 합계액)
가.급료	6,800,000		인력계획 참조
나.임차료	5,060,000		
다.관리비	600,000		
라.수도광열비	400,000		
마.통신비	50,000		
바.복리후생비	250,000		
사.광고선전비	100,000		
아.잡비	200,000		
자.잠가상각비	415,000		
5.영업이익		9,835,000	
6.영업외비용		100,000	
가.지급이자	100,000		약 25%
7.영업외수익			
8.경상이익		9,735,000	

〈표 56〉 곱창이야기 수익성

구분	15평(49.5m)	30평(99.1m)
테이블수	일일 2회 기준 테이블수X테이블단가40,000 ▶360,000X2회 ▶720,000	일일 2회 기준 테이블수18X테이블단가40,000 ▶720,000X2회 ▶1,440,000
예상매출	일일 2회 기준 테이블수X테이블단가40,000 ▶360,000X2회 ▶720,000	일일 2회 기준 테이블수18X테이블단가40,000 ▶720,000X2회 ▶1,440,000
예상월매출	영업일30X일매출→ 21,600,000	영업일수30X일매출→43,200,000

〈표 57〉 곱창이야기 창업비용

구분	15평	30평	내용
월매출	21,600,000	43,200,000	
매출원가	8,610,000	17,280,000	원재료+식자재+주류+야채류
건물임대료	2,600,000	4,000,000	임대료/관리비
인건비	4,000,000	7,000,000	15평 주방1 홀2 4,000,000 30평 주방1 홀4 7,000,000
전기,가스 공과금	1,000,000	2,000,000	전기,수도,가스,공과금 등
잡비	500,000	1,000,000	기타 소모품 및 식대
소계	16,140,000	31,280,000	
영업이익	5,460,000	11,920,000	원매출-지출경비(소계)

〈표 58〉 한식당 창업비용의 예

구분	내용	20평	30평	40평	50평	60평	70평
가맹비	브랜드 사용권, 지역독점부여권, 조리교육, OPEN지원 3일	500	500	500	500	500	500
교육비	경영, 조리, 매뉴얼제공, 본사 노하우제공, 조리교육 3일	200	200	200	200	200	200
인테리어	목공사, 전기공사, 설비공사, 도장공사, 유리, 도배, 주방, 바닥 시공, 조명, 덕트 등 일체포함	3,000	4,500	6,000	7,500	9,000	10,500
주방기기	냉장고 및 냉동고, 간택기, 육수냉장고, 싱크대,찬 냉장고, 작업대, 밥솥, 컵소독기, 스텐선반, 홀싱크대, 상부선반, 초벌대	37	37	37	37	37	37
주방 및 홀집기	그릇 및 주방집기, 기물, 홀 집기, 앞치마, 전자레인지, 믹서기, 보온고 등	30	30	30	30	30	30
판촉 및 홍보	명함, 빌지패드, 라이터, 메뉴판, 전단지, OPEN현수막, 유니폼(홀, 주방), 오픈행사도우미 2명 외 등	250	250	250	250	250	250
본사지원품목	주류냉장고, 냉동고, 냉각기 및 주류비품 일체, 가스설비시공 (단, 도시가스 제외)						
창업자금지원	무이자, 무담보, 1,000만원부터 최고 5,000만원 까지 가능 (지역 상권, 평수에 따라 차이가 날 수 있음)						
합계		4,017	5,517	7,067	8,567	10,067	11,567

사업자등록증 발급을 위한 행정 절차
권리금 산정방식

권리금 산정방식	① 신규 위생교육 ② 보건증 발급 ③ 영업신고증 신청 ④ 사업자등록증 신청 ⑤ 보험 가입

〈표 59〉 일반음식점과 휴게음식점 비교

일반음식점	휴게음식점
음식물의 조리 및 판매와 더불어 음주행위가 허용되는 호프집, 한식, 경양식 등	음식물의 조리 및 판매는 가능하나 음주행위가 허용되지 않는 커피숍, 빵집 등

〈표 60〉 일반과세와 간이과세 비교

구분	일반과세사업자	간이과세사업자
매출액	연간매출액 4,800만원 이상	연간매출액 4,800만원 미만
납부세율	공급가액의 10% 부가가치세로 납부	업종별 부가세율을 고려한 세율부과(공급가액의 1.5~4%)
세액공제	매입세액 전액	매입세액의 15~40%
세금계산서	세금계산서 발행과 매입의 의무	세금계산서 발행 불가
예정고지 여부	예정신고기간에 대해 예정신고 또는 예정고지에 의한 징수 원칙	예정신고 및 예정고지 없음
비고		과세기간 매출액이 1,200만원 미만인 경우 부가가치세 면제

〈표 61〉 주요 소셜커머스 사이트 및 연락처

소셜커머스 업체	도메인	연락처
쿠팡	www.coupang.com	1577-7011
티켓몬스터	www.ticketmonster.co.kr	1544-6240
위메이크 프라이스	www.wemakeprice.com	1588-4763
그루폰코리아	www.groupon.kr	1661-0600
지금샵	www.g-old.co.kr	070-4077-4770
슈팡	www.soopang.co.kr	1600-2375
소셜비	www.sociabee.co.kr	1588-5908
달인쿠폰	www.dalincoupon.com	1666-9845

<표 62> 온라인마케팅의 하나인 소셜미디어 활용

		블로그	SNS	위키	UCC	마이크로 블로그
사용목적		정보공유	관계형성, 엔터테이먼트	정보공유, 협업에 의한 지식 창조	엔터테이먼트	관계형성, 정보공유
주체:대상		1:N	1:1 1:N	N:N	1:N	1:1 1:N
사용환경	채널 다양성	인터넷 의존적	인터넷환경, 이동통신환경	인터넷 의존적	인터넷 의존적	인터넷환경, 이동통신환경
	즉시성	사후기록, 인터넷 연결시에만 정보 공유	사후기록, 현재시점 기록, 인터넷/이동 통신 연결 시 정보공유	사후기록, 인터넷 연결시 창작/공유	사후제작, 인터넷 연결시 콘텐츠 공유	실시간 기록, 인터넷/이동 통신 연결 시 정보공유

〈표 63〉 연간 판매촉진 전략

월별	행사	이벤트 기준 및 판촉활동
1	시무식, 신년회, 설날, 대입합격축하회	POP부착, 새해선물(식사권, 할인권 등)을 연하장에 넣어 DM발송, 내점고객 선물 증정(복주머니, 복조리 등)
2	입춘, 봄방학, 졸업식, 환송회	졸업축하 이벤트, 발렌타인데이 특별 디너세트 판매(꽃, 샴페인증정, 초콜릿), 봄맞이 환경처리 실시, 현수막 부착, DM발송(리스트 입수), 정월대보름 오곡밥 축제
3	입학식, 환영회, 대학개강 파티	입학식, 환영회(행사유치를 위한 사전 홍보활동 및 선물제공), 화이트데이 이벤트 실시, 봄 샐러드 축제와 꽃씨제공
4	봄나들이, 한식, 식목일	신 메뉴 개발, DM, 각종 차량에 안내장 부착
5	어린이 날, 어버이 날, 스승의 날, 성년의 날	어린이날 특선메뉴 및 기념품 제공, 가정의 달 효도대잔치(카네이션, 기념사진 등), 독거 소년·소녀와 노인 초청 행사, 서비스 콘테스트 실시, 광고 등
6	각종 체육회, 현충일	국가 유공자 가족 초대회(할인행사)

월별	행사	이벤트 기준 및 판촉활동
7	여름보너스, 휴가, 초중고 방학	DM, 여름철 특선 메뉴 실시(빙수, 생과일 쥬스, 호프, 야외 바베큐파티 등), 삼복더위 축제
8	여름휴가, 초중고 개학	한여름 더위를 식힐 화채 개발 시식 및 각종 우대권 제공
9	대학개학, 초가을레저, 추석	도시락 개발, 행락철에 T/O
10	운동회, 대학축제, 결혼러시, 단풍놀이 행락객	가을미각축제, 과일축제, 송이축제, 전어축제, DM발송
11	학생의 날, 취직, 승진축하	찜요리 축제, 입시생을 위한 특선메뉴(건강식), 송년회 및 회식안내(DM)
12	송년회, 겨울방학, 겨울레저, 첫눈	크리스마스카드 및 연하장 발송(할인권), 점내 POP부착
기타	단골고객의 날 이벤트 개최, 생일 축하, 월 시식일 등	고객관리, 선물 또는 무료 식사권 제공

일일 매출 규모별 적정 관리 내역

(1) 하루 매상 40만원-창업 실패한 업소

한 달 총매출 : 40만원 x 30일 = 1,200만원

재료비(30%~35% 안팎) : 450만원 안팎

임대료&공과금&인건비(35%~40% 안팎) : 500만원 안팎

순이익률(22%~30%) : 250만원 ~ 350만원(사장이 주방이나 매장일을 하는 상태)

(2) 하루 매상 60만원-평균 성적을 거둔 업소

한 달 총매출 : 60만원 x 30일 = 1,800만원

재료비(30%~35% 안팎) : 600만원 안팎

임대료&공과금&인건비(35%~40% 안팎) : 700만원 안팎

순이익률(23%~32%) : 400만원 안팎(사장이 주방이나 매장일을 절반 정도 하는 상태)

(3) 하루 매상 150만원-대박 아닌 중박을 이룬 업소

한 달 총매출 : 150만원 x 30일 = 4,500만원

재료비(30%~35% 안팎) : 1,600만원 안팎

임대료 & 공과금 & 인건비(35%~40% 안팎) : 1,700만원
안팎

순이익률(25%~33%) : 1,200만원 안팎

(4) 하루 매상 30만원~40만원 일 경우-폐업 갈림길의 음식점

말 그대로 입에 풀칠하고 있는 상황에서 사업을 접지도 못
하는 상황인 음식점을 말한다. 수입이 적기 때문에 사장이
직접 주방일을 할 수밖에 없다. 인건비 지출을 줄여야 하므
로 종업원은 1~2인만 고용할 수 있는 상태다. 종업원 1인 고
용 시 매장을 전부 담당하지 못하므로 사장 부인이 주방일도
거들고 매장일도 거드는 상황이 된다. 이렇게 되면 부부가
힘들어 지게 되고, 부인의 바가지 지수는 높아지며 이때쯤
되면 음식점 장사에 대해 체념하게 된다.

이런 점포는 십중팔구 1년 안에 문을 닫게 되거나, 코가 꿰
인 상태로 어쩌지도 못하고 사업을 하는 상태가 지속된다.

하루 평균 매상 30만원 이하이면 이건 동네에서 관심조차 받지 못하는 음식점이란 뜻이고, 맛없는 집이거나 망해가는 음식점이라는 뜻이다. 다시 말해 동네 손님은 없고, 아주 소수의 단골손님과 우연히 걸려든 뜨내기손님을 받는 업소이다.

5천만원 이하 소자본 창업을 하면서 준비를 제대로 하지 않으면 이런 일이 쉽게 발생한다. 가장 큰 이유는 업종 선택이 잘못되어서이거나, 맛이 없어서이다. 이런 경우 1일 매상 폭의 변동이 매우 심한데 이것은 고객들에게 안 가도 되는 음식점으로 각인됐다는 뜻이다. 창업 15일이 지나도 하루 평균 매상이 30만 원 이하이면 바로 업종 변경을 해야 한다. 만일 밥집이었다면 술을 취급할 수 있는 업종으로 변경을 시도하면 매상을 더 올릴 수 있다.

(5) 하루 매상 60만원 일 경우-생활 유지형 음식점

하루 매상 60만원이라면 월수입이 400~500만원 정도이므로 집에 생활비를 가져갈 수 있고 음식점 경영 목적으로 자동차를 자유롭게 운용할 수 있는 상태이다. 자동차는 더 싼 식재료를 사러 다니는 용도로 사용한다. 우리 주변에서 볼 수 있는 평범한 음식점들보다는 좋은 실적이므로 일단 '맛'은 어느 정도 인정받은 집이라고 할 수 있다.

 일을 할 때 가끔 자기 일이 행복하다는 생각이 들기도 하고 불행하다는 생각이 들기도 한다. 부부는 일심동체로 사업을 키우기 위해 더 열심히 노력하는 상태가 된다. 건물 임대료에 따라 다르겠지만 종업원은 1~2명 정도 고용할 수 있고 부부 중 한 사람이 주방을 맡아 인건비 부담을 줄일 수 있다.

 그런데 이 경우가 가장 위험하다. 당장 먹고사는 방법이 마련되어 있으므로 가끔 행복지수가 올라가기는 하는데, 유명 맛집이 아닌 한 음식점의 매상은 세월이 흐를수록 떨어지기 마련이다. 예를 들어 옆집에 더 근사한 음식점이 들어오면 바로 타격이 온다는 뜻이다. 하지만 기존 단골이 있으므로 바로 매상이 떨어지지는 않고 2~5년 세월이 흘러가면서 아주 서서히 매상이 떨어진다. 어느 날은 매상이 90만원인데 어느 날은 매상이 20만원이 되기도 한다.

(6) 하루 매상 100만원일 경우-돈을 모을 수 있는 음식점

월 900만원 안팎의 수익이 발생하므로 몸은 고생해도 행복지수는 날로 높아진다. 월 순이익 1천만원 수준을 넘기면 이젠 자신의 음식점이 성공하였다고 자부하고, 자기는 가만히 있는데도 돈이 굴러들어온다고 착각한다. 이 상태이면 주방장과 종업원을 여러 명 고용한 뒤 부부는 놀러 다닐 수도 있는 상태가 되지만 돈 버는데 재미가 붙어 꼭 매장에 붙어 있으려고 한다. 이 경우 월수입을 전부 쓰지 말고 생활비를 제외한 나머지는 반드시 저축해야 한다. 저축한 금액은 몇 년 뒤 매장을 확장하거나 직영점을 내는 데 활용할 수 있다. 직영점 3개 정도 내면 더 바쁘게 살겠지만 최소한 돈 걱정은 안 하고 살 수 있을 것이다. 또한 천천히 프랜차이즈 사업을 시도할 수도 있다.

(7) 하루 매상 150만원일 경우-흔히 말하는 중박 음식점

하루 매상이 150만원인 점포는 흔히 말하는 중박 이상의 성공한 음식점들이다.

유명 햄버거 프랜차이즈 중에서 입지 조건이 나쁜 지방에 있는 점포인 경우 일매 110만원 정도를 찍는다. 대도시에서

지명도 낮은 지역에 있는 유명 햄버거 체인점들이 일매 130 만원~180만원을 찍는다. 그리고 재래시장에서 볼 수 있는 시장 빵집 중 항상 손님이 바글바글대는 빵집이 일매 170만원을 찍는다.

30평 규모의 유명 한식 프랜차이즈 중에서 장사가 잘되는 점포가 일매 150만원 찍고, 장사가 잘되는 주점, 호프집, 고깃집, 일식집, 분식집이 일매 150만원을 찍는다.

(8) 하루 매상 200만 원-흔히 말하는 초대박 음식점

하루 매상 200만 원이면 객단가 7천 원 기준 1일 300인분을 판매하는 초대박 음식점이다. 월 1천 500만원~2천만원의 순수익이 발생한다. 물론 고기를 박리다매하는 주점이라면 이익률이 더 낮아질 것이다. 하루 200만 원 매출이 발생한다면 더할 나위 없이 좋은 시나리오이고 프랜차이즈 사업을 시도해도 성공할 확률이 높다. 또한 매출이 조금 떨어질 무렵이면 장사에 싫증날 수도 있는데 이때 권리금을 많이 받고 바로 팔아 버릴 수도 있다.

그런데 하루 매상 200만원 찍으려면 단골과 유동 인구가 중요하다. A급 상권에 입점한 유명 패스트푸드점, 외식업 체인점이 일매 200만원 이상 찍는다. A급 상권에서 장사가 잘 되는 고깃집, 한정식, 횟집, 주점, 퓨전음식점, 유명 한식체인점, 일식집, 분식집이 일매 200만원 이상 찍는다. A급 상권에 있는 퓨전포차도 히트치면 일매 200만원 이상 찍는다.

(9) 하루 매상 300만원 이상-맛집이거나, 유동 인구가 많거나, 매장 크기가 큰 음식점

유동 인구가 많은 오피스 밀집 지역은 20평 크기의 분식점도 장사를 잘하면 일매 300만 원 이상 찍기도 한다. 또한 지방의 전통적인 맛집이거나, 점포 크기가 상대적으로 큰 경우다. 객단가가 높은 음식점이거나, 부촌에서 장사가 잘되는 음식점이 이에 속한다.

A급 상권이거나 강남 부촌 등에서 장사가 잘되는 고깃집, 주점 등이 일매 300만원 이상 찍고, A급 상권으로 비즈니스 밀집 지역에서 장사가 잘되는 20평 크기의 분식점이 일매 300만 원 이상 찍는다. 대형 아파트단지에서 맛으로 유명한 개인 빵집도 일매 300만원 이상 찍는다.

갈비 숯불구이집이 부촌에서 초히트치면 일매 1,000만원을 찍는다. 바닷가의 유명 횟집이라면 일매 400만원 이상 찍는다. 더 유명하고 드라이브족이 많이 찾는 횟집이라면 일매 700만원을 찍기도 한다. 도시 외곽에 새로 음식점을 세웠는데 맛집으로 유명세를 타면서 손님들이 몰려온다면 일매 300만원 이상 찍고 업종에 따라 일매 500만원 찍는 집과 일매 700만원을 찍기도 한다.

(10) 하루 매상 1천만 원-기업형 음식점

유동 인구가 많은 곳에 위치한 유명 패밀리 레스토랑 가맹점들은 보통 일매 1천만원 이상을 찍는다. 유명 프랜차이즈의 본점은 대부분 대형이다. 이들 중 장사를 잘하는 본점들이 보통 일매 400만원, 500만원을 찍고, 일매 1천만 원 이상 찍는 본점도 있다. 보통 고깃집, 쌈밥집, 보쌈집, 오리요릿집처럼 객단가가 높은 업체들의 본점이 가능하다.

〈표 64〉 한식 갈비집의 초기 창업비용

품목	내용	금액
가맹비	· 상표사용권 부여 및 지역 독점영업권 보장	· 400만원 ※전략지역 할인이벤트 확인
교육비	· 가맹점 운영 교육 및 매뉴얼 제공, 노하우 전수	600만원
물품 보증금	· 본사 공급 원부자재에 대한 예치금(가맹계약 해지 시 반환)	400만원 → 200만원 ※200만원 할인행사
점포개발비	· 나이스비즈맵과 SK텔레콤 상권분석 시스템	100만원 → 0원 ※100만원 할인행사
인테리어	· 설계 및 3D 디자인/바닥타일 공사 · 목공사(자재/인건비/유리 · 금속 공사 · 전기, 조명공사/도장, 필름공사/사인물 일체	4200만원 ※33m² 당 140만원
홀/주방기물	· 2인/4인 테이블, 단체석 일체 등	1500만원
간판	· 외부 전면 잔넬 텍스트 간판 (4M) · 돌출 간판 및 사이드 간판	450만원
기기설비	· 로스터(착화식), 삼중불판 · 냉장/냉동고, 간데기 etc, 육류냉장고 등 · 샐러드바, 아이스크림케이스, 식혜, 커피머신	2250만원
홍보/오픈지원	· 웹카메라 1대/음향기기SET/홍보물 및 조형물 일체	50만원

〈표 65〉 외식업 초기 창업비용(단위 : 만 원)

구분	99.17m²	132.23m²	165.28m²	198.34m²	세부내역	비고
가맹비	800	800	800	800	상호·상표사용(브랜드가치) 등	소멸
교육비	200	200	200	200	메뉴·운영·서비스·식자재 교육	체류비 등 점주부담
인테리어	3900	5200	6500	7800	목공사, 설비, 방수공사, 천정, 전기 등	평당 130만 원
간판	500	600	700	750	전면LED간판, 돌출간판 등	그 외 별도
닥트	550	700	850	1000	외부 2층 기본, 내부 및 주방 닥트	3층 이상 별도
테이블·의자	400	520	640	760	홀 의·탁자	
테이블렌지	270	350	430	510	2구렌지	
주방기기·홀집기	2100	2700	3300	3900	식기세척기, 주방기기 등	주물불판은 본사 무료 대여
인쇄·홍보·소품	200	250	300	400	이벤트, 전단지, 추억의 소품 일체	
합계	8920	1억1320	1억3720	1억6120		

참고문헌

구본창 (2011). 『소셜커머스 쿠폰하나로 세상을 바꾸는 아이디어형 비즈니스』, (서울: 채륜).

김광희 (2015). 『상권과 입지 장사 목』. (서울: 미래와 경영).

김미영 (2010). 『10평의 기적』. (서울: 문화사).

김준성, "주목할 프랜차이즈 브랜드", 2016.06. 102-103.

박경환 (2002). 『창업 귀신이 되지 않으면 성공은 없다』. (서울: 중앙경제평론사).

박경환 (2008). 『실전 상권분석과 점포개발』. (서울: 상상예찬).

박선정, "유망프랜차이즈", 월간식당, 2017.08. 192-193.

박정식, 박종원 (2007). 『재무관리』. (서울: 다산출판사).

박주관 (2000). 『실전 상권 분석』. (서울: 21세기북스).

박주관 (2003). 『사업타당성 분석과 사업계획서 작성』. (서울: 21세기북스).

백종원 (2010). 『초짜도 대박나는 전문식당』. (서울: 서울문화사).

안광호 (2005). 『마케팅 관리적 접근』. (파주: 학현사).

원융희, 윤기열 (2002). 『외식산업의 이해』. (서울: 두남).

육주회, "김밥일번지", 월간식당, 2015.12. 135-138.

이동윤, "프랜차이즈 리포트", 월간식당, 2017.06. 180-187.

이재형, "외식경영 성공 전략", 외식경영, 2016.01. 134-135.

이정연, "한국식 전통 손만두 전문점", 월간창업프랜차이즈, 2013.06. 155-156.

이지연, "스테디셀러 분식 아이템 김밥", 월간식당, 2013.04. 180-182.

임귀혜, "가맹점 창업 성공 이야기", 외식경영, 2015.03. 126-128.

조현수 (2007). 『살아있는 상권을 잡아라』. (파주: 학현사).

지유리, "신규프랜차이즈 5선", 월간창업프랜차이즈, 2017.02. 220-221.

진익준 (2010). 『창업 성공의 인테리어』. (서울: 크라운출판사).

최경석 (2008). 『음식점 창업 무작정 따라하기』. (서울: 길벗).

국민건강보험공단. http://www.nhic.or.kr

대법원 인터넷등기소. http://www.iros.go.kr

법제처. http://www.moleg. go.kr

소상공인진흥원 상권분석시스템. http://www.sg.smba.go.kr

한국음식업중앙회. http://www.ekra.or.kr

한국프랜차이즈협회. http://www.ikfa.or.kr

한국휴게음식업중앙회. http://www.efa.or.kr

한국전력공사. http://www.kepco.co.kr

통계청. http://www.kostat.go.kr

SBS NeTV. http://www.sbs.co.kr

한눈에 읽는 외식창업 성공이야기 [시리즈 16]

시장파이가 큰 국민간식

떡볶이 전문점

발　행　일 : 2018年 6月 1日

저　　　　자 : 김 병 욱

발　행　처 : 킴스정보전략연구소

홈 페 이 지 : http://www.kimsinfo.co.kr

주　　　　소 : 서울시 강동구 성내로8길 9-19(성내동
550-6) 유봉빌딩 301호(☎ 482-6374~5,
FAX : 482-6376)

출판등록번호 : 제17-310호(등록일: 2001.12.26)

인　　　　쇄 : 으 뜸 사

I S B N : 979-11-7012-146-6

※ 당 연구소에서 발간하는 도서구입, 도서발행, 연구위탁, 강의, 내용, 컨설팅, 자문, 질의 등에 대한 문의 ☎(02)482-6374.